Poésie, j'écris ton nom

ÉTONNANTS • CLASSIQUES

Poésie, j'écris ton nom

Présentation, choix des poèmes, notes et dossier par
MANUELLE DUSZYNSKI,
professeur de lettres

GF Flammarion

ISBN : 978-2-0812-0965-7
ISSN : 1269-8822

SOMMAIRE

Poésie, j'écris ton nom

Bestiaire

Saisons

PRÉSENTATION

Petite histoire de la poésie

Aux origines de la poésie

La poésie est l'une des plus anciennes formes littéraires. Avant même l'apparition de l'écriture, elle sert à la transmission orale des textes les plus précieux ; en effet, la régularité du rythme, les retours de la rime, la répétition des sons aident le travail de mémoire. La poésie fixe l'histoire des hommes (à travers l'épopée), mais aussi celle des dieux (à travers les textes religieux). À ses origines, elle est donc avant tout un outil, une technique permettant de conserver ce qui est susceptible d'échapper à la mémoire.

Dès ses origines, elle est aussi associée à la musique : dans la mythologie grecque, le poète Orphée accompagne ses mots des sons de sa lyre et parvient ainsi à charmer les bêtes sauvages, les hommes les plus inflexibles, les arbres, les plantes et les divinités infernales. C'est en référence à la « lyre » enchanteresse d'Orphée qu'on a formé le mot « lyrisme » et l'adjectif « lyrique », qui qualifie tout art consacré à l'expression des sentiments, notamment la poésie.

La poésie française

Trouvères et troubadours du Moyen Âge

Les premiers textes de poésie en langue vulgaire (c'est-à-dire en ancien français et non en latin) apparaissent à la fin du XIe siècle.

Ces œuvres sont accompagnées de musique et de danse et sont faites pour être chantées. Elles sont composées par des trouvères (poètes qui s'expriment en langue d'oïl, au nord de la France) et des troubadours (poètes qui s'expriment en langue d'oc, au sud de la France). Ils interprètent leurs textes ou les font interpréter par des jongleurs dans les cours seigneuriales. Une partie importante de la production est tournée vers l'expression de l'amour courtois, qui évoque, de façon codifiée, les sentiments dévoués d'un chevalier pour sa dame.

C'est au XIVe siècle que la poésie se sépare de son accompagnement musical et devient un genre spécifiquement littéraire. Guillaume de Machaut (v. 1300-1377), Charles d'Orléans (1394-1465) et François Villon (1431-1463) travaillent les formes de la ballade[1], du rondeau[2]. Les textes prennent désormais en charge toute la dimension musicale de la poésie (à travers leurs rythmes, leurs sons et leurs effets stylistiques).

La Renaissance : influence italienne et héritage antique

À la Renaissance, le statut des poètes change : ils reçoivent des protecteurs en la personne du roi lui-même ou des princes, dont ils perçoivent des pensions. Leur rôle n'est plus seulement de divertir mais aussi de célébrer ceux qui les font vivre et de participer à l'enrichissement de la langue, de la culture et de la pensée.

Ainsi en est-il de Clément Marot (1496-1544), protégé de Marguerite de Navarre, sœur de François Ier. Il contribue au renouvellement de la poésie à la Renaissance en important d'Italie le sonnet[3]. L'influence du *Canzoniere* de l'Italien Pétrarque (1304-

1. Traditionnellement, la ballade est une forme fixe composée de trois strophes de longueur différente et d'un « envoi » (quatrième strophe) qui nomme le dédicataire du poème : « prince », « princesse », « sire »...
2. Voir p. 38.
3. Voir p. 51.

1374) se fait sentir sur les poètes de l'époque, qui reprennent à la fois les thèmes amoureux du recueil et sa forme fixe – le sonnet. S'en inspire ainsi l'école lyonnaise, illustrée par Maurice Scève (v. 1501-v. 1564) et Louise Labé (1524-1566).

L'autre source de renouvellement de la poésie à la Renaissance se situe dans l'héritage antique, où puisent les poètes de la « Pléiade[1] ». Réunis autour de Du Bellay et de Pierre de Ronsard, ils souhaitent enrichir la poésie et la langue françaises par l'imitation des œuvres antiques. La mythologie fournit à leurs textes des thèmes – tels l'amour, la réflexion sur le temps –, des personnages et des symboles. Ils augmentent le vocabulaire littéraire par des emprunts au latin et au grec, mais aussi à des lexiques spécialisés – tel celui des métiers –, et par l'invention de mots nouveaux. Ils privilégient en outre l'alexandrin, qu'ils substituent peu à peu au décasyllabe[2], parce qu'ils le jugent plus propre à l'expression des sentiments.

Le XVIIe siècle : entre baroque et classicisme

Le XVIIe siècle est traversé par deux courants, qui reflètent le climat d'un pays autant que d'une époque. Le premier est appelé « baroque ». Au début du siècle, le pays est encore très marqué par les guerres de Religion (l'édit de Nantes date de 1598) et le pouvoir royal est faible. Le temps est aux incertitudes ; la littérature, dont la poésie, se fait l'écho de ce monde défait et instable. Elle donne à voir une réalité sans cesse changeante, pleine d'apparences trompeuses, et montre les hommes en proie à de nombreuses contradictions. Si elle tend parfois à la satire – dénonçant les vices du temps –, la poésie baroque se caractérise également par une expression subtile des sentiments personnels, dont témoignent

---

1. Ce nom qu'adoptent sept poètes – Ronsard, Du Bellay, Baïf, Peletier du Mans, Belleau, Jodelle, Pontus de Tyard – reprend celui d'une constellation composée de sept étoiles.

2. *Alexandrin*, *décasyllabe* : voir p. 34.

les vers de François de Malherbe (1555-1628), de Théophile de Viau (1590-1626) et de Tristan L'Hermite (1601-1655).

A contrario, certains poètes sont attirés par l'ordre, l'unité, la permanence. L'établissement progressif d'une monarchie absolue (avec Richelieu, Mazarin et surtout Louis XIV) va de pair avec une attention accrue accordée aux notions de règle et de rigueur. Si les modèles antiques ont toujours les faveurs des écrivains de la cour, l'emprise d'une raison de plus en plus dominatrice s'accompagne de la recherche d'une visée didactique[1]. Puisant ses sources dans les *Fables* du Grec Ésope (VIe siècle av. J.-C.), la poésie de La Fontaine est tout orientée vers un enseignement à délivrer : certes, le poète veut divertir son public, lui offrir une lecture plaisante, mais c'est pour mieux l'instruire.

Le verbe romantique

Le XVIIIe siècle est celui des romanciers et des philosophes plus que celui des poètes. La littérature de l'époque est principalement une littérature d'idées. Il faut attendre le XIXe siècle pour renouer pleinement avec une poésie lyrique. Le mouvement romantique s'épanouit et atteint son apogée dans la première moitié du siècle (1830). Il est inséparable du contexte historique et social, notamment de l'affaissement des espoirs nés avec la Révolution puis avec l'Empire. La déception sur le plan politique se traduit sur le plan littéraire par un repli sur soi, un intérêt décuplé pour les sentiments, la vie intérieure. Conscients d'être pris dans un mouvement qui les dépasse et les domine, les écrivains, et parmi eux les poètes, tentent de comprendre le parcours de l'homme, se penchent sur les différents âges de la vie. Au niveau formel, les romantiques, parmi lesquels Victor Hugo (1800-1882), vont vers plus de souplesse qu'au siècle classique (dans le choix des rimes,

1. ***Didactique*** : instructive.

dans celui du vocabulaire…). Ils renouent aussi avec des formes d'expression simples et populaires, comme l'ode[1] et la ballade.

Le symbolisme

Dans le dernier tiers du XIXe siècle (1870) naît ce qu'on appellera bientôt le « symbolisme ». Par la voix de Gérard de Nerval (1808-1855) ou de Charles Baudelaire (1821-1867), ce courant dessine une poésie plus difficile à interpréter, car elle s'emploie à voir au-delà des apparences, privilégie l'incertain, le mystérieux, et regorge de symboles – expressions verbales d'images suggestives. Dans leur recherche d'expressivité, les poètes se libèrent du carcan de la versification et donnent le jour aux vers libres – des vers qui, au sein d'un même poème, présentent des rythmes et des longueurs variables et ne sont pas reliés entre eux par la rime. Baudelaire va plus loin dans cet affranchissement, se détachant du vers lui-même pour écrire des poèmes en prose : dès lors, ce sont les images et les sonorités seules qui font du texte un poème.

Poésies du XXe siècle

Au tournant du XXe siècle, avec l'expansion de la société industrielle, de nouveaux sujets entrent en poésie, comme la ville, la réflexion sur le progrès. Les formes se modernisent : les poètes, comme Guillaume Apollinaire (1880-1918) avec ses *Calligrammes*, s'intéressent à la distribution des mots dans la page, qui devient elle-même significative.

Après la Première Guerre mondiale, le mouvement surréaliste est créé par un groupe de jeunes gens : André Breton, Louis Aragon, Paul Eluard ont alors vingt ans et veulent « changer la vie ». Ils affirment leur révolte absolue devant un monde qui a

---

1. ***Ode*** : voir note 1, p. 38.

conduit aux pires horreurs. Pour eux, l'art ne peut pas se contenter de reproduire la réalité ; il doit faire émerger le rêve, le merveilleux, l'inattendu. Dans cette quête collective, ils explorent les possibilités d'un langage nouveau, en rupture avec la logique et le sens commun des mots, donnant voix à l'inconscient.

Après le surréalisme, pour renouveler le langage poétique, certains, au contraire, s'imposent des règles de création très contraignantes : ce sont les membres de l'OuLiPo (Ouvroir de Littérature Potentielle), créé en 1960 par Raymond Queneau (1903-1976), sorte de laboratoire de littérature expérimentale. Loin des discours théoriques, d'autres, tel Jacques Prévert (1900-1977), privilégient le réel, s'employant à dire le quotidien le plus immédiat.

Qu'est-ce qu'une anthologie poétique ?

Une anthologie est un assemblage cohérent de textes épars. Le geste anthologique consiste à cueillir des fragments disséminés pour leur donner une unité. C'est cette opération que nous avons menée ici, pour vous offrir un aperçu de la poésie française. L'unité de ce volume réside dans les six groupements qui le composent, reflets des thématiques qui parcourent la poésie à travers les âges : « bestiaire », « saisons », « amour et amitié », « le temps s'en va », « les mots dans tous leurs états » et « invitation au voyage ».

L'ambition de ce recueil est de proposer un voyage poétique (pour reprendre la thématique de la dernière section) allant d'une poésie en vers chantée sur de la musique et célébrant l'amour à une poésie libérée des contraintes du vers, en passant par une forme d'expression traduisant des préoccupations purement langagières. C'est aussi, bien sûr, de susciter le plaisir de tout un chacun dans la rencontre de grands poètes qui, depuis toujours, ne cessent de nous parler de nous et d'éclairer notre condition d'homme.

CHRONOLOGIE

XIIIe-XXe

XIIIe-XXe

La poésie du Moyen Âge à nos jours

La poésie du Moyen Âge à nos jours

v. 1260	Rutebeuf, *La Complainte Rutebeuf*.
v. 1460	Charles d'Orléans, *Ballades et rondeaux*.
1461	François Villon, *Le Grand Testament*.
1532-1534	Clément Marot, *L'Adolescence Clémentine*.
1549	Joachim Du Bellay, *L'Olive*.
1550	Pierre de Ronsard, *Odes*.
1552-1555	Pierre de Ronsard, *Les Amours*.
1555	Traduction en français du *Canzoniere* de l'Italien Pétrarque. Louise Labé, *Élégies* et *Sonnets*.
1558	Joachim Du Bellay, *Les Antiquités de Rome*, *Les Regrets*.
1571	Agrippa d'Aubigné, *Le Printemps*.
1577	Agrippa d'Aubigné, *Les Tragiques* (éd. 1616).
1630	François de Malherbe, *Poésies*.
1668-1694	La Fontaine, *Fables*.
1820	Alphonse de Lamartine, *Méditations poétiques*.
1828	Victor Hugo, *Odes et Ballades*.
1853	Gérard de Nerval, *Odelettes*.
1856	Victor Hugo, *Les Contemplations*.

La poésie du Moyen Âge à nos jours

1857 Charles Baudelaire, *Les Fleurs du mal.*

1859-1883 Victor Hugo, *La Légende des siècles.*

1865 Victor Hugo, *Les Chansons des rues et des bois.*

1866 Paul Verlaine, *Poèmes saturniens.*

1869 Charles Baudelaire, *Petits Poèmes en prose.*

1870-1871 Arthur Rimbaud, *Poésies.*

1886 Jules Laforgue, *Des fleurs de bonne volonté.*

1913 Guillaume Apollinaire, *Alcools.*
Blaise Cendrars, *La Prose du Transsibérien et de la Petite Jehanne de France.*

1914-1915 Guillaume Apollinaire, *Poèmes à Lou.*

1919 André Breton, Philippe Soupault, *Les Champs magnétiques* (premier texte surréaliste).

1926 Paul Eluard, *Capitale de la douleur*

1931 Pierre-Jean Jouve, *Noces.*

1932 André Breton, *Les Vases communicants.*

1938 Jules Supervielle, *La Fable du monde.*

1942 René-Guy Cadou, *Morte Saison.*
Louis Aragon, *Les Yeux d'Elsa.*

1944 Robert Desnos, *Chantefables et Chantefleurs.*

La poésie du Moyen Âge à nos jours

1946 Jacques Prévert, *Paroles*.

1948 Raymond Queneau, *L'Instant fatal*.

1956 Louis Aragon, *Le Roman inachevé*.

1958 Raymond Queneau, *Le Chien à la mandoline*.

1966 Jacques Prévert, *Fatras*.

1967 Eugène Guillevic, *Euclidiennes*.

1973 Andrée Chedid, *Fêtes et Lubies*.

1974 Georges Perec, *Espèces d'espaces*.

1981 Charles Dobzynski, *Fablier des fruits et légumes*.

Poésie, j'écris ton nom

Bestiaire

Le thème des animaux nourrit une littérature abondante. Il séduit notamment de nombreux poètes. Les recueils de textes que ces derniers leur consacrent sont appelés « bestiaires ».
Aux uns, la vitalité animale inspire des jeux de mots variés et un ton fantaisiste qui donnent à leurs vers un caractère ludique.
Aux autres, les bêtes, traditionnellement associées à de nombreux symboles, se signalent par leur pouvoir évocateur : la colombe annonce la paix, le chien incarne la fidélité...
Souvent, les animaux empruntent les qualités et les défauts des hommes. Les poètes s'appliquent à les personnifier pour délivrer un enseignement sur la nature humaine ou pointer les travers de leur époque. Les textes visent alors à instruire leurs lecteurs. On dit qu'ils sont « didactiques ».

■ Robert Desnos, « Les Hiboux »

Chantefables et Chantefleurs (1944) – sous-titré « à chanter sur n'importe quel air » – est le dernier recueil composé par Robert Desnos (1900-1945).

Pendant l'Occupation, celui-ci entre dans la Résistance. Son ami René Poirier lui suggère d'écrire quelques poèmes pour les enfants. L'écrivain lui remet ses textes peu de temps avant d'être arrêté par la Gestapo[1]; il mourra dans un camp de concentration. Comme l'écrit son fils : « Il [est plaisant] que ce qui reste de cette époque soient ces belles fleurs et ces paisibles animaux, dédiés avec amour aux enfants, donc à l'Avenir. »

Dans ce poème, la fameuse règle d'orthographe sur le pluriel des noms en « *-ou* » enseignée aux enfants à l'école primaire produit des associations insolites à partir du mot « hibou ».

Les Hiboux

Ce sont les mères des hiboux
Qui désiraient chercher les poux
De leurs enfants, leurs petits choux,
En les tenant sur les genoux.

Leurs yeux d'or valent des bijoux
Leur bec est dur comme cailloux,
Ils sont doux comme des joujoux,
Mais aux hiboux point de genoux !

Votre histoire se passait où ?
Chez les Zoulous[2] ? Les Andalous[3] ?
Ou dans la cabane bambou ?

---

1. ***Gestapo*** : police politique de l'Allemagne nazie, qui joua un très grand rôle dans l'extermination des Juifs d'Europe.
2. ***Zoulous*** : peuple noir d'Afrique du Sud.
3. ***Andalous*** : habitants de l'Andalousie, dans le sud de l'Espagne.

À Moscou ? Ou à Tombouctou[1] ?
En Anjou ou dans le Poitou[2] ?
Au Pérou ou chez les Mandchous[3] ?

Hou ! Hou !
Pas du tout, c'était chez les fous.

Robert Desnos, *Chantefables et chantefleurs*,

■ Les noms des strophes

Les vers d'un poème sont regroupés en strophes ; selon le nombre de vers qu'elles comportent, celles-ci ont des noms différents.
On appelle « distique » une strophe de deux vers ;
– « tercet » une strophe de trois vers ;
– « quatrain » une strophe de quatre vers ;
– « quintil » une strophe de cinq vers ;
– « sizain » une strophe de six vers ;
– « huitain » une strophe de huit vers.

■ Charles Dobzynski, « Le Chou »

Charles Dobzynski naît à Varsovie en Pologne, en 1929. L'année suivante, sa famille émigre en France. Pendant la Seconde Guerre mondiale, il est obligé de se cacher pour échapper à la déportation. Il a vingt ans quand ses premiers poèmes sont présentés dans le journal *Les Lettres françaises* par Paul Eluard. Charles Dobzynski a publié depuis de nombreux recueils de poésie mais aussi des romans et des nouvelles.
Rapprochant ici le « chou » du « chat », il s'amuse avec les sonorités des mots et manie l'humour aussi bien que l'absurde.

---

1. ***Tombouctou*** : ville du Mali, en Afrique.
2. ***Anjou***, ***Poitou*** : régions françaises.
3. ***Mandchous*** : habitants de la Mandchourie, ancien territoire du nord-est de la Chine.

«Le Chou»

Un chou se prenant pour un chat
léchant son museau moustachu,
  sa bedaine[1] de pacha,
  à ses feuilles s'arracha,
pour prouver que sous son poncho[2]
      couleur d'artichaut,
son pelage était doux et chaud,
sa queue de soie, sa robe blanche.

En miaulant à belle voix,
le chou se percha sur un toit,
puis dansa le chachacha[3]
        de branche en branche.
Or, le chou n'était pas un chat
aux pattes de caoutchouc,
sur la ramure il trébucha,
et c'est ainsi que le chou chut[4]
  fâcheusement et cacha
sa piteuse[5] mésaventure
  dans un gros tas d'épluchures.

Charles Dobzynski, *Fablier des fruits et légumes*,

coll. «L'enfant en poésie», 1981.

---

1. *Bedaine* : ventre.
2. *Poncho* : manteau constitué d'un grand rectangle de laine tissée, avec une ouverture en son milieu pour passer la tête. Ce vêtement est porté en Amérique du Sud.
3. *Chachacha* : danse à la mode dans les années 1950.
4. *Chut* : tomba (du verbe *choir*).
5. *Piteuse* : malheureuse.

■ Jeux sur les sonorités

On appelle « **assonance** » la répétition d'une même voyelle (ou d'un même son vocalique). Exemple :

« Ils sont d**ou**x comme des **jouj**ou**x**,
Mais aux hib**ou**x point de gen**ou**x ! »
(Robert Desnos, « Les Hiboux »)

On appelle « **allitération** » la répétition d'une même consonne (ou d'un même son consonantique). Exemple :

« Un **ch**ou se prenant pour un **ch**at
lé**ch**ant son museau mousta**ch**u »
(Charles Dobzynski, « Le Chou »)

■ Jean de La Fontaine, « Le Rat de ville et le Rat des champs »

Jean de La Fontaine (1621-1695) a vécu sous le règne de Louis XIV. C'est seulement en 1668 que paraît son premier recueil de *Fables* (cent vingt-quatre fables divisées en six livres), dédié au Dauphin – le fils de Louis XIV et de Marie-Thérèse –, alors âgé de six ans. L'ouvrage connaît un grand succès, ce qui encourage son auteur à publier cinq livres supplémentaires de *Fables* en 1678 et 1679. « Ces fables sont un tableau où chacun de nous se trouve dépeint », indique La Fontaine, qui cite par ailleurs ses sources : « Je chante les héros dont Ésope est le père. » En effet, La Fontaine n'a pas inventé le genre de la fable ; ce dernier est hérité des auteurs de l'Antiquité – le Grec Ésope (VIe siècle av. J.-C.) et le Latin Phèdre (Ier siècle apr. J.-C.) notamment. En mettant en scène des animaux, La Fontaine représente les hommes, car, écrit-il, « [les] divers caractères [des animaux], ce sont les nôtres aussi ! Nous sommes l'abrégé[1] de ce qu'il y a de bon et de mauvais en eux ». Dans ses fables, il donne à voir la société

1. ***L'abrégé*** : ici, le concentré.

du XVIIe siècle, dessine les mœurs de la cour et esquisse les éternels travers des hommes. Dès lors, ses textes ne sont pas simplement des contes ludiques qui personnifient les bêtes, ils délivrent une sagesse morale, qu'elle soit ou non formulée.
En quoi consiste le bonheur ? C'est à cette question que nous invite à réfléchir la fable qui suit, « Le Rat de ville et le Rat des champs ». Est-ce d'avoir des biens à profusion mais de vivre dans la crainte ou, au contraire, de vivre modestement mais dans la tranquillité ?

Le Rat de ville et le Rat des champs

Autrefois le Rat de ville
Invita le Rat des champs,
D'une façon fort civile[1],
À des reliefs d'Ortolans[2].

Sur un Tapis de Turquie
Le couvert se trouva mis.
Je laisse à penser la vie
Que firent[3] ces deux amis.

Le régal[4] fut fort honnête,
Rien ne manquait au festin ;
Mais quelqu'un troubla la fête
Pendant qu'ils étaient en train[5].

À la porte de la salle
Ils entendirent du bruit :
La Rat de ville détale ;
Son camarade le suit.

---

1. *Fort civile* : très polie et raffinée.
2. *Reliefs d'Ortolans* : restes d'ortolans, oiseaux d'Europe dont la chair est très appréciée.
3. *La vie/ Que firent* : le bon moment que passèrent.
4. *Le régal* : le festin.
5. *Étaient en train* : festoyaient.

Le bruit cesse, on se retire :
Rats en campagne aussitôt[1] ;
Et le citadin de dire :
«Achevons tout notre rôt[2].

– C'est assez, dit le rustique[3] ;
Demain vous viendrez chez moi :
Ce n'est pas que je me pique
De[4] tous vos festins de Roi ;

Mais rien ne vient m'interrompre :
Je mange tout à loisir[5].
Adieu donc ; fi du plaisir[6]
Que la crainte peut corrompre[7].»

Jean de La Fontaine, *Fables*, livre I, fable 9.

■ Jean de La Fontaine, « La Cigale et la Fourmi »

Ce texte très célèbre constitue la première des *Fables* de La Fontaine. Il illustre le thème de la solidarité en reprenant une fable en prose du Grec Ésope (voir dossier, p. 101).
La morale qu'il propose est volontairement omise, laissant à chacun le soin de tirer de l'anecdote les conclusions qui s'imposent.

1. ***Rats en campagne aussitôt*** : les rats reviennent aussitôt (« campagne » est un terme militaire, qui désigne un état de guerre).
2. ***Rôt*** : rôti ; ici, le repas en général.
3. ***Le rustique*** : le campagnard, c'est-à-dire le rat des champs.
4. ***Je me pique/ De*** : je me vante de faire aussi bien que.
5. ***Tout à loisir*** : sans être dérangé.
6. ***Fi du plaisir*** : assez du plaisir (exprime le dégoût).
7. ***Corrompre*** : abîmer.

La Cigale et la Fourmi

La Cigale, ayant chanté
Tout l'Été,
Se trouva fort dépourvue[1]
Quand la bise[2] fut venue.
Pas un seul petit morceau
De mouche ou de vermisseau.
Elle alla crier famine[3]
Chez la Fourmi sa voisine,
La priant de lui prêter
Quelque grain pour subsister[4]
Jusqu'à la saison nouvelle.
« Je vous paierai, lui dit-elle,
Avant l'Oût[5], foi d'animal,
Intérêt et principal[6]. »
La Fourmi n'est pas prêteuse :
C'est là son moindre défaut.
« Que faisiez-vous au temps chaud ?
Dit-elle à cette emprunteuse.
– Nuit et jour à tout venant[7]
Je chantais, ne vous déplaise.
– Vous chantiez ? J'en suis fort aise[8].
Eh bien ! dansez maintenant. »

Jean de La Fontaine, *Fables*, livre I,
fable 1.

---

1. ***Dépourvue*** : sans ressources.
2. ***La bise*** : ici, le vent d'hiver.
3. ***Crier famine*** : réclamer à manger.
4. ***Subsister*** : vivre du strict nécessaire.
5. ***Avant l'Oût*** : avant la moisson du mois d'août.
6. ***Intérêt et principal*** : le capital emprunté (le *principal*) et le dédommagement pour son usage pendant une période donnée (l'*intérêt*).
7. ***À tout venant*** : pour tout le monde.
8. ***Aise*** : satisfaite.

■ *La Cigale et la Fourmi*, par Gustave Doré (1867).

■ Andrée Chedid, « La Fourmi et la Cigale »

Auteur de nombreux romans et de plusieurs recueils poétiques, Andrée Chedid naît en 1920 au Caire, en Égypte. Elle y apprend l'arabe, mais aussi le français et l'anglais, et côtoie des cultures diverses. C'est en 1946, après la Seconde Guerre mondiale, qu'elle s'installe définitivement à Paris.

L'esprit de l'enfance, ses espiègleries et ses audaces animent ses poèmes. Issu du recueil *Fêtes et Lubies* (1973), le texte « La Fourmi et la Cigale » est une récriture du poème de La Fontaine. Comme chez ce dernier, les animaux permettent à Andrée Chedid de caricaturer les travers des hommes ; mais, facétieuse[1], la poétesse inverse l'ordre des personnages dans le titre. Et la fable, rédigée au début des années 1970, à une époque où les femmes se battent pour leurs libertés, prend un sens différent...

La Fourmi et la Cigale

«Fini, fini ! »,
Dit la Fourmi.
«Au diable[2], la parcimonie[3] !
Dès aujourd'hui
Je convie
Toutes cigales affranchies[4]
À me chanter leurs mélodies,
Et nous fêterons, en compagnie,
La vie qui bouge,
La vie qui fuit ! »

---

1. ***Facétieuse*** : qui aime faire des plaisanteries, des farces.
2. ***Au diable*** : très loin ; envoyer quelque chose « au diable » signifie chasser cette chose, la rejeter.
3. ***Parcimonie*** : épargne minutieuse.
4. ***Affranchies*** : libérées, émancipées.

«Holà, holà!»,
Fit la Cigale
Poussant un cri très vertical.
«Pour moi, adieu le carnaval!
L'hiver, l'hiver m'a tant appris,
Et le souci tant rétrécie,
Que j'ai rangé toutes mes rêveries
Pour m'établir
En Bourgeoisie!»

Andrée Chedid, *Fêtes et Lubies*,
© Flammarion, 1973.

■ Jean de La Fontaine, « Le Héron »

La Fontaine conte ici l'histoire du héron qui, refusant de se contenter de peu, se trouve réduit à manger encore moins que peu. La morale qui émane de cette démonstration («Ne soyons pas si difficiles») nous est directement adressée, à nous, humains!

Le Héron

Un jour, sur ses longs pieds, allait je ne sais où,
Le Héron au long bec emmanché d'un long cou.
Il côtoyait une rivière.
L'onde[1] était transparente ainsi qu'aux plus beaux jours;
Ma commère[2] la carpe y faisait mille tours
Avec le brochet[3] son compère.
Le Héron en eût fait aisément son profit[4] :
Tous approchaient du bord, l'oiseau n'avait qu'à prendre;
Mais il crut mieux faire d'attendre

1. *Onde* : eau.
2. *Commère* : le mot a d'abord signifié « marraine » avant d'être synonyme d'« amie ». *Compère* est son féminin.
3. *Brochet* : poisson d'eau douce, qui peut mesurer un mètre de long.
4. *Profit* : ici, repas.

Qu'il eût un peu plus d'appétit.
Il vivait de régime[1], et mangeait à ses heures.
Après quelques moments l'appétit vint : l'oiseau
S'approchant du bord vit sur l'eau
Des Tanches[2] qui sortaient du fond de ces demeures.
Le mets ne lui plut pas ; il s'attendait à mieux
Et montrait un goût dédaigneux[3]
Comme le rat du bon Horace[4].
Moi des Tanches ? dit-il, moi Héron que je fasse
Une si pauvre chère[5] ? Et pour qui me prend-on ?
La Tanche rebutée[6] il trouva du goujon[7].
Du goujon ! c'est bien là le dîner d'un Héron !
J'ouvrirais pour si peu le bec ! aux Dieux ne plaise !
Il l'ouvrit pour bien moins : tout alla de façon
Qu'il ne vit plus aucun poisson.
La faim le prit, il fut tout heureux et tout aise
De rencontrer un limaçon.
Ne soyons pas si difficiles :
Les plus accommodants[8] ce sont les plus habiles :
On hasarde[9] de perdre en voulant trop gagner.
Gardez-vous de rien dédaigner ;
Surtout quand vous avez à peu près votre compte.

Jean de La Fontaine, *Fables*, livre VII, fable 4.

---

1. ***Il vivait de régime*** : il ne mangeait pas beaucoup.
2. ***Tanches*** : poissons d'eau douce, à peau sombre et gluante.
3. ***Dédaigneux*** : méprisant.
4. ***Horace*** : poète latin du Iᵉʳ siècle av. J.-C., auteur des *Satires* auxquelles se réfère ici La Fontaine : le rat citadin y méprise le repas offert par le rat des champs (livre II, VI, v. 79 *sq*.).
5. ***Une si pauvre chère*** : un si maigre repas.
6. ***Rebutée*** : rejetée.
7. ***Goujon*** : petit poisson d'eau douce d'environ quinze centimètres de long.
8. ***Accommodants*** : personnes souples, sachant s'adapter aux circonstances.
9. ***Hasarde*** : risque.

■ **La fable**
La fable est un récit accompagné d'une morale, qu'elle soit ou non explicitement formulée. Les fables en vers se composent souvent de vers de longueurs différentes.

■ Charles Baudelaire, « Le Chat »

Dans *Les Fleurs du mal* (1857), Charles Baudelaire (1821-1867) emprunte bien des états et bien des visages pour dire sa condition de poète. Ses textes le montrent tantôt en prince des nuées déchu, tantôt en mage investi d'une mission prophétique. Ici, c'est le chat alangui et sensuel – un des nombreux animaux peuplant le recueil, de l'albatros au hibou en passant par le cygne – qui lui renvoie sa propre image.

Le Chat

I

Dans ma cervelle se promène,
Ainsi qu'en son appartement,
Un beau chat, fort, doux et charmant.
Quand il miaule, on l'entend à peine,

Tant son timbre est tendre et discret ;
Mais que sa voix s'apaise ou gronde,
Elle est toujours riche et profonde.
C'est là son charme et son secret. […]

II

De sa fourrure blonde et brune
Sort un parfum si doux, qu'un soir
J'en fus embaumé[1], pour l'avoir
Caressée une fois, rien qu'une.

C'est l'esprit familier du lieu ;
Il juge, il préside, il inspire
Toutes choses en son empire ;
Peut-être est-il fée, est-il dieu ?

Quand mes yeux, vers ce chat que j'aime
Tirés[2] comme par un aimant,
Se retournent docilement
Et que je regarde en moi-même,

Je vois avec étonnement
Le feu de ses prunelles pâles,
Clairs fanaux[3], vivantes opales[4],
Qui me contemplent fixement.

Charles Baudelaire, *Les Fleurs du mal*, 1857.

---

1. ***Embaumé*** : parfumé.
2. ***Tirés*** : attirés.
3. ***Fanaux*** : feux, flambeaux.
4. ***Opales*** : pierres semi-précieuses opaques ou translucides à reflets irisés.

■ *Le Chat*, d'Alberto Giacometti (1901-1966).

■ Les noms des vers

Les vers ont des noms différents selon leur mesure, c'est-à-dire le nombre de syllabes qu'ils contiennent. Parmi les vers les plus courants, on trouve :

– L'**octosyllabe**, qui comporte huit syllabes. Exemple :

« Ain/si/ qu'en/ son/ ap/par/te/ment,/
Un/ beau/ chat,/ fort,/ doux/ et/ char/mant. »
(Baudelaire, « Le Chat »)

– Le **décasyllabe**, qui comporte dix syllabes. Exemple :

« Que/ j'ai/ ran/gé/ tou/tes/ mes/ rê/ve/ries. »
(Andrée Chedid, « La Fourmi et la Cigale »)

– L'**alexandrin**, qui comporte douze syllabes. Exemple :

« Un/ jour,/ sur/ ses/ longs/ pieds,/ al/lait/ je/ ne/ sais/ où,
Le/ Hé/ron/ au/ long/ bec/ em/man/ché/ d'un/ long/ cou. »
(La Fontaine, « Le Héron »)

Tous ces vers sont dits « **pairs** », c'est-à-dire qu'ils comportent un nombre pair de syllabes.

Il existe également des vers **impairs**. Le plus utilisé est l'**heptasyllabe**, qui comporte sept syllabes. Exemple :

« Au/tre/fois/ le/ Rat/ de/ ville
In/vi/ta/ le/ Rat/ des/ champs. »
(La Fontaine, « Le Rat de ville et le Rat des champs »)

Attention, pour définir le nombre de syllabes, il ne faut pas compter le « e » dit « muet », c'est-à-dire qui ne se prononce pas. Cela se produit dans deux cas : devant un mot commençant par une voyelle, et en fin de vers. Exemple de « e » muet dans des vers en octosyllabe :

« Mais/ que/ sa/ voix/ s'a/pai/s(e) ou/ grond(e),
Ell(e)/ est/ tou/jours/ rich/(e) et/ pro/fond(e). »
(Charles Baudelaire, « Le Chat »)

Saisons

Depuis toujours, les saisons rythment notre vie, à laquelle elles donnent des couleurs et des ambiances différentes. Leur changement influe sur la vie quotidienne des hommes et fait varier leurs sensations et leurs humeurs.
Le poète observe les bouleversements de l'être intérieur en réponse à ces sollicitations du dehors et s'applique à les traduire dans ses textes.

■ René-Guy Cadou, « Avant-printemps »

René-Guy Cadou (1920-1951) est né en Bretagne. Très tôt, il compose ses premiers poèmes. Adulte, il travaille d'abord comme trieur postal avant de devenir instituteur itinérant. Traversant de nombreux villages, il s'imprègne des rythmes essentiels de la nature. Dans ce poème qui évoque l'arrivée du printemps, une saison traditionnellement associée au renouveau, il suggère l'éveil des règnes végétal (l'aubépin qui fleurit), animal (les œufs de la pie) et minéral (le soleil pailleté d'or). Inspiré par cette renaissance, le poète se régénère lui aussi, se séparant des « anciennes pluies » qui obscurcissaient son esprit.

Avant-printemps

Des œufs dans la haie
Fleurit l'aubépin[1]
Voici le retour
Des marchands forains.

Et qu'un gai soleil
Pailleté d'or fin
Éveille les bois
Du pays voisin !

Est-ce le printemps
Qui cherche son nid
Sur la haute branche
Où niche la pie ?

C'est mon cœur marqué
Par d'anciennes pluies
Et ce lent cortège
D'aubes qui le suit.

René-Guy Cadou, « Avant-printemps »,
© P.A.B., 1951.

---

1. ***Aubépin*** : arbre ou arbuste à fleurs odorantes blanches ou roses, à baies rouges.

■ Charles d'Orléans, « Le temps a laissé son manteau »

Prince français, Charles d'Orléans (1394-1465) est fait prisonnier en 1415 et demeure vingt-cinq ans en captivité en Angleterre. À son retour, il transforme sa cour de Blois en un centre de poésie important. Il chante lui-même rondeaux et ballades dans lesquels il évoque l'exil, la solitude, la nature...

Dans ce rondeau, la saison est comparée à un vêtement : cette image poétique est appelée métaphore (voir p. 64). Quand le « manteau de broderie » succède au « manteau de froid », c'est que l'hiver cède sa place au printemps.

Le poème restitue l'enthousiasme qui accompagne traditionnellement le retour du printemps et qui, chez les hommes du XVe siècle – dont la vie dépendait plus étroitement des saisons qu'aujourd'hui –, était sans doute bien plus grand que le nôtre. Le refrain est ici chanté par tous : le poète, les animaux et les éléments de la nature.

Le temps a laissé son manteau

Le temps a laissé son manteau
De vent, de froidure et de pluie,
Et s'est vêtu de broderie,
De soleil luisant, clair et beau.

Il n'y a bête, ni oiseau,
Qu'en son jargon[1] ne chante ou crie :
« Le temps a laissé son manteau
De vent, de froidure et de pluie. »

Rivière, fontaine et ruisseau
Portent, en livrée[2] jolie,

---

1. ***Qu'en son jargon*** : qui dans son langage.
2. ***Livrée*** : habits, vêtements.

Gouttes d'argent d'orfèvrerie,
Chacun s'habille de nouveau :
Le temps a laissé son manteau.

Charles d'Orléans, *Ballades et Rondeaux*, v. 1460.

■ Le rondeau

Le rondeau doit son nom à la ronde que l'on dansait lorsque, à l'origine, on le chantait ; cependant, dès le XIVe siècle, il n'est plus chanté. Le plus souvent, il est composé de trois strophes d'octosyllabes ou de décasyllabes (voir p. 34). Il est construit sur deux rimes (le poème de Charles d'Orléans présente une rime en [i] – « plu**ie** »/ « broder**ie** » – et une rime en [o] – « mant**eau** »/ « b**eau** »). Généralement, le premier vers revient après le sixième et tout à la fin du poème, formant ainsi un refrain qui offre son unité au texte (ainsi en est-il du vers « Le temps a laissé son manteau » dans le rondeau de Charles d'Orléans).

■ Gérard de Nerval, « Dans les bois ! »

Pour évoquer le changement des saisons, Gérard de Nerval (1802-1855) s'inspire des chansons populaires et folkloriques qui bercèrent son enfance. Il les restitue aux lecteurs à travers ses *Odelettes*, des « petites odes[1] ». Dans le poème qui suit, le dernier vers de chaque strophe prend la forme d'un refrain : sa répétition s'accompagne de légères modifications qui soulignent l'évolution du printemps à l'automne et suggèrent le caractère cyclique ses saisons.

1. Une ***ode*** est un poème destiné à être chanté ou dit avec accompagnement musical.

Dans les bois !

Au printemps l'Oiseau naît et chante :
N'avez-vous pas ouï[1] sa voix ?...
Elle est pure, simple et touchante,
La voix de l'Oiseau – dans les bois !

L'été, l'Oiseau cherche l'Oiselle ;
Il aime – et n'aime qu'une fois !
Qu'il est doux, paisible et fidèle,
Le nid de l'Oiseau – dans les bois !

Puis quand vient l'automne brumeuse,
Il se tait... avant les temps froids.
Hélas ! qu'elle doit être heureuse
La mort de l'Oiseau – dans les bois !

Gérard de Nerval, *Odelettes*, 1853.

■ Victor Hugo, « Midi ; plein soleil ; les cigales »

Dans un manuscrit qui était peut-être destiné à constituer une suite au recueil *Les Chansons des rues et des bois* (1865), Victor Hugo (1802-1885) aborde chacune des saisons en s'attachant aux sensations qu'elles font naître. Pour l'été, il choisit une description courte, fonctionnant par petites touches suggestives.

« Midi ; plein soleil ; les cigales »

Midi ; plein soleil ; les cigales
Chantent l'immense accablement
Des champs aux pentes inégales,
Et du profond zénith dormant.

Victor Hugo, « Alentours des *Chansons des rues et des bois* »,
dans *Œuvres poétiques III*, éd. Pierre Albouy,
Gallimard, coll. « Bibliothèque de la Pléiade », 1974.

---

1. ***Ouï*** : entendu (le mot « ouï » comporte deux syllabes).

■ Jules Laforgue, « Aquarelle en cinq minutes »

Pour évoquer les caprices du temps et traduire leur influence sur son humeur, ici encline à la badinerie[1], Jules Laforgue (1860-1887) recourt lui aussi à un ton léger. Facétieux[2], il réalise, comme l'indique le titre de son poème, une peinture à l'eau (une « aquarelle ») pour suggérer l'arrivée de... la pluie. Il peint des paysans se hâtant de se mettre au sec. Une amusante corrélation[3] se noue entre l'auteur de l'aquarelle – le poète – contraint d'effectuer rapidement son œuvre (la peinture à l'aquarelle sèche en peu de temps) et les personnages se dépêchant pour échapper à l'averse.
Le poète, qui prend plaisir à observer la scène depuis sa fenêtre, se projette dans la fleur : en marge du déluge, il est épargné mais aussi stimulé par la tempête : elle le fait renaître à l'écriture et lui offre une source d'inspiration.

Aquarelle en cinq minutes

Oh ! oh ! le temps se gâte,
L'orage n'est pas loin,
Voilà que l'on se hâte
De rentrer les foins !...

L'abcès perce !
Vl'à l'averse !
Ô grabuges[4]
Des déluges !...

1. ***Badinerie*** : gaieté.
2. ***Facétieux*** : voir note 1, p. 27.
3. ***Corrélation*** : rapport entre deux éléments.
4. ***Grabuges*** : désordres.

Oh ! ces ribambelles
D'ombrelles !...

Oh ! cett' Nature
En déconfiture !...

Sur ma fenêtre.
Un fuchsia[1]
À l'air paria[2]
Se sent renaître...

Jules Laforgue, *Des fleurs de bonne volonté*, 1886.

■ Paul Verlaine, « Chanson d'automne »

Dans « Chanson d'automne », l'évocation de la saison permet à Paul Verlaine (1844-1896) de décrire son paysage intérieur. Les sentiments qui l'animent fusionnent avec sa perception du monde extérieur : l'automne s'accompagne d'une sensation de tristesse et plonge le poète dans une souffrance croissante.

Chanson d'automne

Les sanglots longs
Des violons
De l'automne
Blessent mon cœur
D'une langueur[3]
Monotone.

---

1. Un *fuchsia* est un arbrisseau aux fleurs pourpres, roses, en clochettes pendantes.
2. *Paria* : exclu, marginal.
3. *Langueur* : abattement, affaiblissement.

Tout suffocant
Et blême, quand
  Sonne l'heure,
Je me souviens
Des jours anciens
  Et je pleure;

Et je m'en vais
Au vent mauvais
  Qui m'emporte
Deçà, delà[1],
Pareil à la
  Feuille morte.

Paul Verlaine, *Poèmes saturniens*,
« Paysages tristes », 1866.

■ Charles d'Orléans, « Hiver, vous n'êtes qu'un vilain »

L'originalité de ce rondeau de Charles d'Orléans (voir aussi p. 37) réside dans son destinataire[2] : le poète interpelle directement l'hiver, comme s'il s'agissait d'une personne, pour lui faire part de ses reproches – si l'été est agréable et délicat, l'hiver est rustre !

« Hiver, vous n'êtes qu'un vilain »

Hiver, vous n'êtes qu'un vilain[3],
Été est plaisant et gentil[4],
En témoin de[5] Mai et d'Avril
Qui l'accompagnent soir et matin.

---

1. ***Deçà, delà*** : de côté et d'autre.
2. ***Destinataire*** : personne à qui l'on s'adresse. Ici, le poète s'adresse à l'hiver.
3. ***Vilain*** : au temps de Charles d'Orléans, le mot désigne un « paysan », supposé rustre et mal élevé.
4. ***Gentil*** : noble, bien né.
5. ***En témoin de*** : selon le témoignage de.

■ *Le Coup de vent*, par Jean-Baptiste Camille Corot (1796-1875).

Été revêt champs, bois et fleurs
De sa livrée[1] de verdure,
Et de maintes[2] autres couleurs,
Par l'ordonnance de Nature[3].

Mais vous, Hiver, trop êtes plein
De neige, vent, pluie et grésil[4] ;
On vous dût[5] bannir en exil.
Sans point flatter, je parle plein[6],
Hiver, vous n'êtes qu'un vilain !

Charles d'Orléans, *Ballades et Rondeaux*, v. 1460.

---

1. ***Livrée*** : voir note 2, p. 37.
2. ***Maintes*** : nombreuses.
3. ***Par l'ordonnance de Nature*** : par l'arrangement qu'en donne la narure.
4. ***Grésil*** : grêle.
5. ***On vous dût*** : on aurait dû vous.
6. ***Je parle plein*** : je parle franchement.

■ Qualité des rimes

On appelle « **rime** » la répétition du même son à la fin de plusieurs vers. La qualité de celle-ci dépend du nombre de sons que les mots à la rime ont en commun.

Quand ils n'ont qu'un seul son en commun, on parle de « **rime pauvre** ». Exemple :

> « Chacun s'habille de nouv**eau**
> Le temps a laissé son mant**eau** »
> (Charles d'Orléans, « Le temps a laissé son manteau... »)

Quand ils ont deux sons en commun, on parle de « **rime suffisante** ». Exemple :

> « Ô grab**u|ges**
> Des dél**u|ges** »
> (Jules Laforgue, « Aquarelle en cinq minutes »)

Quand ils ont au moins trois sons en commun, on parle de « **rime riche** ». Exemple :

> « L'abcès p**e|r|ce**!
> Vl'à l'av**e|r|se**! »
> (Jules Laforgue, « Aquarelle en cinq minutes »)

Amour et amitié

Si la poésie exprime des émotions, sa première vocation est sans doute de chanter l'amour.

En effet, depuis les temps les plus anciens, les poètes ont écrit des « arts d'aimer » (ainsi en est-il des Latins Catulle, Ovide et Properce). Cette tradition a perduré au Moyen Âge avec les troubadours et les trouvères[1] ; à l'aube de la Renaissance, les poètes italiens se sont emparés du genre et ont fondé la poésie amoureuse, à la fois dans sa forme et dans ses motifs.

Initiée par Dante et par Pétrarque, cette dernière célèbre la femme aimée ou déplore les souffrances qu'elle fait endurer au poète. Elle a largement inspiré les Français de la Renaissance, en particulier Clément Marot, Louise Labé, Pierre de Ronsard et Joachim Du Bellay.

Mais au-delà du sentiment amoureux, c'est toute la gamme des émotions que la poésie explore, rendant hommage aux amis ou à l'être cher qu'on a perdu.

1. ***Troubadours***, ***trouvères*** : poètes, à la fois compositeurs et interprètes. Ils chantaient leurs textes en s'accompagnant d'un instrument de musique. Les trouvères parlaient en langue d'oïl (dans le nord de la France), les troubadours en langue d'oc (dans le sud de la France).

■ Rutebeuf, « Que sont mes amis devenus ? »

La complainte dont est extrait le passage suivant est sans aucun doute le texte le plus connu de Rutebeuf, trouvère[1] parisien du XIIIe siècle. Elle repose sur plusieurs lieux communs[2] : on dit couramment qu'« un malheur n'arrive jamais seul » ; or, quand il écrit son poème, Rutebeuf vient de perdre un œil, il a fait un mariage malheureux et, alors que naît son enfant, il se trouve plongé dans la misère ; on dit aussi que « c'est dans le malheur qu'on compte ses vrais amis », or ses amis sont absents ! Loin d'idéaliser l'amitié, Rutebeuf exprime sa déception avec sincérité et simplicité tout en souriant de son propre sort.

« Que sont mes amis devenus ? »

Que sont mes amis devenus
Que j'avais de si près tenus[3],
Et tant aimés ?
Je crois qu'ils sont trop clair semés ;
Ils ne furent pas bien semés :
Et sont faillis[4].
De tels amis m'ont mal bailli[5],
Car dès que Dieu m'eut assailli
De maint côté[6],
N'en vis un seul dans mon hôtel[7].

---

1. ***Trouvère*** : voir note 1, p. 47.
2. ***Lieux communs*** : pensées admises, et sans originalité, sur lesquelles tout le monde est d'accord.
3. ***Que j'avais de si près tenus*** : qui m'étaient si proches.
4. ***Sont faillis*** : les voilà disparus.
5. ***M'ont mal bailli*** : ne m'ont pas bien traité.
6. ***Dieu m'eut assailli/ De maint côté*** : Dieu m'infligea de nombreuses épreuves.
7. ***N'en vis un seul dans mon hôtel*** : je n'en vis pas un seul chez moi.

Je crois, le vent les a ôtés,
L'amour[1] est morte ;
Ce sont amis que vent emporte
Et il ventait devant ma porte.
[...]

La Complainte Rutebeuf, extrait, v. 1260,
adaptation Gustave Cohen,

■ La complainte

La complainte est un poème populaire à la tonalité triste ou plaintive. Le mot « complainte » est formé sur le verbe « plaindre », issu du latin *plangere*. La forme de la complainte est libre, mais celle-ci est écrite à l'origine avec deux rimes.

■ Louise Labé, « Je vis, je meurs... »

Aujourd'hui encore, il est rare d'entendre la voix de femmes poètes. Louise Labé (v. 1524-1566) est de celles-là.

Née à Lyon, très instruite, Louise Labé fut une figure importante des cercles littéraires et mondains de son époque. Elle a favorisé en France le développement de la poésie amoureuse, dans l'esprit du grand poète italien Pétrarque (1304-1374) et de la poésie courtoise du Moyen Âge.

Construit sur des oppositions très fortes appelées antithèses (voir p. 65), ce sonnet décrit les symptômes physiques et moraux du « mal d'amour ».

1. ***Amour*** : ici, amitié. Le mot « amour » est le plus souvent féminin jusqu'au XVIIe siècle.

«Je vis, je meurs...»

Je vis, je meurs : je me brûle et me noie.
J'ai chaud extrême[1] en endurant[2] froidure;
La vie m'est et trop molle[3] et trop dure.
J'ai grands ennuis[4] entremêlés de joie.

Tout à un coup je ris et je larmoie[5],
Et en plaisir maint[6] grief[7] tourment j'endure;
Mon bien s'en va, et à jamais il dure;
Tout en un coup[8] je sèche et je verdoie.

Ainsi Amour inconstamment me mène;
Et, quand je pense avoir plus de douleur,
Sans y penser je me trouve hors de peine.

Puis, quand je crois ma joie être certaine,
Et être en haut de mon désiré heur[9],
Il me remet en mon premier malheur.

Louise Labé, *Sonnets*, 1555, VIII.

---

1. ***Extrême*** : extrêmement.
2. ***Endurant*** : éprouvant.
3. ***Molle*** : douce.
4. ***Ennuis*** : tourments, souffrances.
5. ***Tout à un coup je ris et je larmoie*** : au même moment je ris et je pleure.
6. ***Maint*** : voir note 2, p. 44.
7. ***Grief*** : grave, pénible (le mot «grief» ne forme qu'une syllabe).
8. ***Tout en un coup*** : au même moment, en même temps.
9. ***Heur*** : bonheur.

■ Le sonnet

Le sonnet est une forme poétique dont l'origine reste obscure ; on sait toutefois que c'est l'Italien Pétrarque qui, au XVe siècle, a popularisé son usage. Il est importé en France au XVIe siècle. Il se compose de deux quatrains suivis de deux tercets, soit quatorze vers au total (le plus souvent des alexandrins, voir p. 34). Les quatrains présentent des rimes embrassées (selon un schéma « abab », voir p. 60), les tercets offrent des rimes suivies puis embrassées ou croisées (selon un schéma « ccd ede » ou « ccd eed », voir p. 60).

Après les quatrains, les tercets introduisent un changement rythmique et créent un effet de rupture, souvent repris par le sens du texte lui-même.

■ Victor Hugo, « Demain, dès l'aube, à l'heure où blanchit la campagne »

Le 4 septembre 1843, Léopoldine, la fille de Victor Hugo (voir aussi p. 39), meurt par noyade. Autour de cet événement tragique s'articule le recueil poétique le plus important de l'auteur : *Les Contemplations* (1856), composé de deux tomes, « Autrefois » – les poèmes précédant le drame – et « Aujourd'hui » – ceux qui le suivent.
Hugo y fixe le souvenir de sa fille bien-aimée, exprime la permanence de l'être perdu et crie sa douleur de père inconsolable. Dans ce poème-anniversaire[1] daté du 3 septembre 1847, il évoque à la fois le caractère insupportable de la mort et l'apaisement qu'il trouve dans la marche vers le cimetière.

« Demain, dès l'aube, à l'heure où blanchit la campagne »

Demain, dès l'aube, à l'heure où blanchit la campagne,
Je partirai. Vois-tu, je sais que tu m'attends.
J'irai par la forêt, j'irai par la montagne.
Je ne puis demeurer loin de toi plus longtemps.

Je marcherai les yeux fixés sur mes pensées,
Sans rien voir au-dehors, sans entendre aucun bruit,
Seul, inconnu, le dos courbé, les mains croisées,
Triste, et le jour pour moi sera comme la nuit.

Je ne regarderai ni l'or du soir qui tombe,
Ni les voiles au loin descendant vers Harfleur[2],
Et quand j'arriverai, je mettrai sur ta tombe
Un bouquet de houx vert et de bruyère en fleur.

Victor Hugo, *Les Contemplations*, livre IV, « *Pauca meæ* », XIV, 1856.

---

1. Le poème est écrit quatre ans, presque jour pour jour, après le drame.
2. ***Harfleur*** : village à proximité du Havre, en Normandie, face à Honfleur.

■ Victor Hugo avec ses petits-enfants Georges et Jeanne en 1872.

■ Louis Aragon, « Que serais-je sans toi »

D'abord lié, avec André Breton et Paul Eluard, au mouvement surréaliste[1], Louis Aragon (1897-1982) s'en éloigne peu à peu, à mesure que se conforte son engagement dans le parti communiste, privilégiant dans ses écrits le « monde *réel* ». Plus tard, il se tourne de nouveau vers le rêve mais aussi l'amour, comme en témoigne ce texte, hommage adressé à sa femme Elsa Triolet, rencontrée en 1928. Dans le recueil auquel appartient ce poème, *Le Roman inachevé* (1951), Louis Aragon exprime sa reconnaissance à celle qui l'a sorti du désespoir : « Tu m'as trouvé comme un caillou que l'on ramasse sur la plage/ Comme un bizarre objet perdu dont nul ne peut dire l'usage », écrit-il. L'amour pour Elsa qu'on lit à chaque page du volume prend ici la forme d'une question récurrente, dont la réponse se montre à nous dans toute son évidence. Ce poème a été mis en musique et interprété par Jean Ferrat en 1964.

Que serais-je sans toi

Que serais-je sans toi qui vins à ma rencontre.
Que serais-je sans toi qu'un cœur au bois dormant.
Que cette heure arrêtée au cadran de la montre.
Que serais-je sans toi que ce balbutiement.

J'ai tout appris de toi sur les choses humaines.
Et j'ai vu désormais le monde à ta façon.
J'ai tout appris de toi comme on boit aux fontaines
Comme on lit dans le ciel les étoiles lointaines.
Comme au passant qui chante, on reprend sa chanson.
J'ai tout appris de toi jusqu'au sens du frisson.

1. ***Mouvement surréaliste*** : mouvement littéraire et artistique voulant exprimer la pensée en la débarrassant de toute préoccupation logique, sociale ou morale.

J'ai tout appris de toi pour ce qui me concerne.
Qu'il fait jour à midi, qu'un ciel peut être bleu
Que le bonheur n'est pas un quinquet[1] de taverne.
Tu m'as pris par la main, dans cet enfer moderne
Où l'homme ne sait plus ce que c'est qu'être deux.
Tu m'as pris par la main comme un amant heureux.

Qui parle de bonheur a souvent les yeux tristes.
N'est-ce pas un sanglot que la déconvenue
Une corde brisée aux doigts du guitariste
Et pourtant je vous dis que le bonheur existe.
Ailleurs que dans le rêve, ailleurs que dans les nues[2].
Terre, terre, voici ses rades[3] inconnues.

Louis Aragon, *Le Roman inachevé*,
© Gallimard, 1956.

■ Georges Brassens, « Les Copains d'abord »

Alliance de texte et de musique la chanson entretient des liens étroits avec la poésie.
Auteur, compositeur et interprète, Georges Brassens (1921-1981) écrit des textes inspirés du quotidien, évoquant les relations humaines les plus simples et les plus essentielles. Mêlant humour et émotion, « Les Copains d'abord » décrit la vie ordinaire d'une bande d'amis. La solidarité sans faille de ses membres contraste avec le tableau que dressait Rutebeuf de ses amis « disparus ».

---

1. ***Quinquet*** : ancienne lampe.
2. ***Nues*** : nuages et, par extension, ciel.
3. ***Rades*** : bassins de grande dimension, ouverts sur la mer et dans lesquels les navires peuvent jeter l'ancre.

Les Copains d'abord

Non, ce n'était pas le radeau
De la Méduse[1], ce bateau,
Qu'on se le dise au fond des ports,
Dise au fond des ports,
Il naviguait en pèr' peinard
Sur la grand' mare des canards,
Et s'app'lait les copains d'abord
Les copains d'abord.

Ses *fluctuat nec mergitur*[2]
C'était pas d'la littératur',
N'en déplaise aux jeteurs de sort,
Aux jeteurs de sort,
Son capitaine et ses mat'lots
N'étaient pas des enfants d'salauds,
Mais des amis franco de port,
Des copains d'abord.

C'étaient pas des amis de lux',
Des petits Castor et Pollux[3],
Des gens de Sodome et Gomorrh'[4],
Sodome et Gomorrh',

---

1. Allusion au *Radeau de la Méduse* (1819), le tableau de Théodore Géricault (ci-contre), qui montre une partie des rescapés du naufrage de la frégate la *Méduse* sur un radeau. Certains d'entre eux sont mourants et ne reçoivent aucun secours de leurs compagnons d'infortune, trop occupés par leur propre sort.

2. ***Fluctuat nec mergitur*** : locution latine signifiant « il est battu par les flots mais ne sombre pas » ; elle sert de devise à la ville de Paris.

3. ***Castor et Pollux*** : dans la mythologie grecque, fils jumeaux de Zeus et de Léda, frères d'Hélène (de Troie). Lorsque Castor est tué dans un combat, Pollux partage avec lui son immortalité : ils passent ainsi la moitié de leur temps aux Enfers, l'autre sur l'Olympe, parmi les dieux.

4. ***Sodome et Gomorrhe*** : cités bibliques détruites selon un châtiment divin à cause de la dépravation de leurs habitants.

■ *Le Radeau de la Méduse*, de Théodore Géricault (1791-1824).

C'étaient pas des amis choisis
Par Montaigne et La Boeti'[1],
Sur le ventre ils se tapaient fort,
Les copains d'abord.

C'étaient pas des anges non plus,
L'Évangile, ils l'avaient pas lu,
Mais ils s'aimaient tout's voil's dehors,
Toutes voil's dehors,
Jean, Pierre, Paul et compagnie,
C'était leur seule litanie[2]
Leur *Credo*, leur *Confiteor*[3],
Aux copains d'abord.

Au moindre coup de Trafalgar[4],
C'est l'amitié qui prenait l'quart,
C'est ell' qui leur montrait le Nord,
Leur montrait le Nord.
Et quand ils étaient en détress',
Qu'leurs bras lançaient des S.O.S.,
On aurait dit des sémaphor'[5],
Les copains d'abord.

---

1. ***Montaigne et La Boétie*** : hommes de lettres du XVIe siècle qui nouèrent une grande relation d'amitié ; Montaigne rend hommage à cette amitié dans un chapitre de ses *Essais* (livre I, chapitre 28).
2. ***Litanie*** : prière où toutes les invocations sont suivies d'une formule brève récitée ou chantée.
3. ***Credo*** (« je crois » en latin) et ***Confiteor*** (« je confesse » en latin) sont les premiers mots respectivement des articles de foi et d'une prière de la liturgie catholique.
4. ***Coup de Trafalgar*** : coup inattendu et qui cause de graves dommages, par allusion à la bataille de Trafalgar où la flotte de Napoléon subit un échec cuisant devant celle des Anglais.
5. ***Sémaphores*** : postes établis sur le littoral, qui permettent d'envoyer des signaux de navigation aux navires.

Au rendez-vous des bons copains,
Y'avait pas souvent de lapins[1],
Quand l'un d'entre eux manquait à bord,
C'est qu'il était mort.
Oui, mais jamais, au grand jamais,
Son trou dans l'eau n'se refermait,
Cent ans après, coquin de sort !
Il manquait encor'.

Des bateaux j'en ai pris beaucoup,
Mais le seul qui ait tenu le coup,
Qui n'ait jamais viré de bord,
Mais viré de bord,
Naviguait en père peinard
Sur la grand' mare des canards,
Et s'app'lait les Copains d'abord
Les Copains d'abord.

Les Copains d'abord, paroles et musique :
Georges Brassens, © 1965 Éditions musicales 57,
avec l'aimable autorisation d'Universal Music Publishing.

1. ***De lapins*** : d'absents (l'expression « poser un lapin » signifie « ne pas venir à un rendez-vous »).

■ **Disposition des rimes**

On identifie trois principales dispositions de rimes :

– Des **rimes suivies** (ou **plates**) qui se développent sur le schéma « aabb ». Exemple :

« Des bateaux j'en ai pris beau**coup**, [a]
Mais le seul qui ait tenu le **coup**, [a]
Qui n'ai jamais viré de **bord**, [b]
Mais viré de **bord** » [b]
(Brassens, « Les Copains d'abord »)

– Des **rimes croisées** qui se développent sur le schéma « abab ». Exemple :

« Que serais-je sans toi qui vins à ma renc**ontre**. [a]
Que serais-je sans toi qu'un cœur au bois dor**mant**. [b]
Que cette heure arrêtée au cadran de la m**ontre**. [a]
Que serais-je sans toi que ce balbutie**ment**. » [b]
(Aragon, « Que serais-je sans toi »)

– Des **rimes embrassées** qui se développent sur le schéma « abba ». Exemple :

« Je vis, je meurs : je me brûle et me n**oie** ; [a]
J'ai chaud extrême en endurant froi**dure** ; [b]
La vie m'est et trop molle et trop **dure** ; [b]
J'ai grands ennuis entremêlés de j**oie**. » [a]
(Louise Labé, « Je vis, je meurs... »)

Le temps s'en va

La fuite du temps est un sujet existentiel, et la littérature en a fait l'un de ses thèmes majeurs. On dit que c'est un *topos*. Les écrivains évoquent le temps qui passe, qui use et efface, inspirant angoisse ou révolte aux hommes, les conduisant au renoncement ou les incitant à vivre pleinement l'instant présent... comme pour les épicuriens dont la devise latine, *carpe diem*, signifie « cueille le jour », c'est-à-dire « profite du jour présent ».

L'origine de ce motif – la fuite du temps – se trouve dans la mythologie grecque.

Aux premiers temps de leur création, les hommes mangeaient à la table des dieux, la terre leur fournissait tout ce dont ils avaient besoin pour vivre sans travail ni effort. Ils ne connaissaient ni la souffrance ni la maladie. Et lorsque la tombe les appelait, ils se muaient en esprits purs, bienfaisants et protecteurs de l'humanité. Dans cet âge d'or les femmes n'existaient pas.

Ensuite vint l'âge de fer ; Zeus envoya aux hommes la première femme, Pandore, source de tous leurs maux. Selon une légende, les dieux offrirent à Pandore une boîte dans laquelle chacun avait enfermé une chose nuisible et lui recommandèrent de ne jamais l'ouvrir. Mais, trop curieuse, Pandore ne put résister à la tentation et souleva le couvercle de la boîte pour savoir ce qu'elle contenait, laissant s'échapper tous les malheurs et chagrins qui depuis affligent l'humanité. Dès lors, les hommes furent contraints de vivre pour travailler et ne connurent plus aucun répit ; à l'échelle de l'univers, leur vie ne fut plus qu'un bref passage plein de souffrance.

C'est l'angoisse existentielle liée à la brièveté de la vie que, depuis, tentent d'exprimer les poètes.

■ Pierre de Ronsard, « Je vous envoie un bouquet... »

Sacré « Prince des poètes » en son temps, Pierre de Ronsard (1524-1585) s'éprend de Marie Dupin, une jeune paysanne de quinze ans, en 1555. À un bouquet qu'il lui adresse, il joint ce poème. Le sonnet (voir p. 51) lui permet d'établir une comparaison frappante entre l'être aimé et le bouquet offert. Il opère un rapprochement entre la beauté des fleurs, rapidement flétrie, et celle, tout aussi fugace[1], de la dame convoitée, pour inciter cette dernière à se hâter de l'aimer tant que la jeunesse est là.

Je vous envoie un bouquet...

Je vous envoie un bouquet que ma main
Vient de tirer de ces fleurs épanouies ;
Qui ne les eût à ces vêpres cueillies[2],
Chutes[3] à terre elles fussent demain.

Cela vous soit un exemple certain[4]
Que vos beautés, bien qu'elles soient fleuries,
En peu de temps cherront[5] toutes flétries
Et comme fleurs périront tout soudain[6].

Le temps s'en va, le temps s'en va, ma Dame,
Las ! le temps non, mais nous nous en allons,
Et tôt serons étendus sous la lame[7] ;

---

1. ***Fugace*** : brève, passagère.
2. ***À ces vêpres cueillies*** : cueillies avant ce soir.
3. ***Chutes*** : tombées.
4. ***Cela vous soit un exemple certain*** : que cet exemple vous apporte la certitude.
5. ***Cherront*** : tomberont.
6. ***Tout soudain*** : subitement.
7. ***Lame*** : pierre du tombeau.

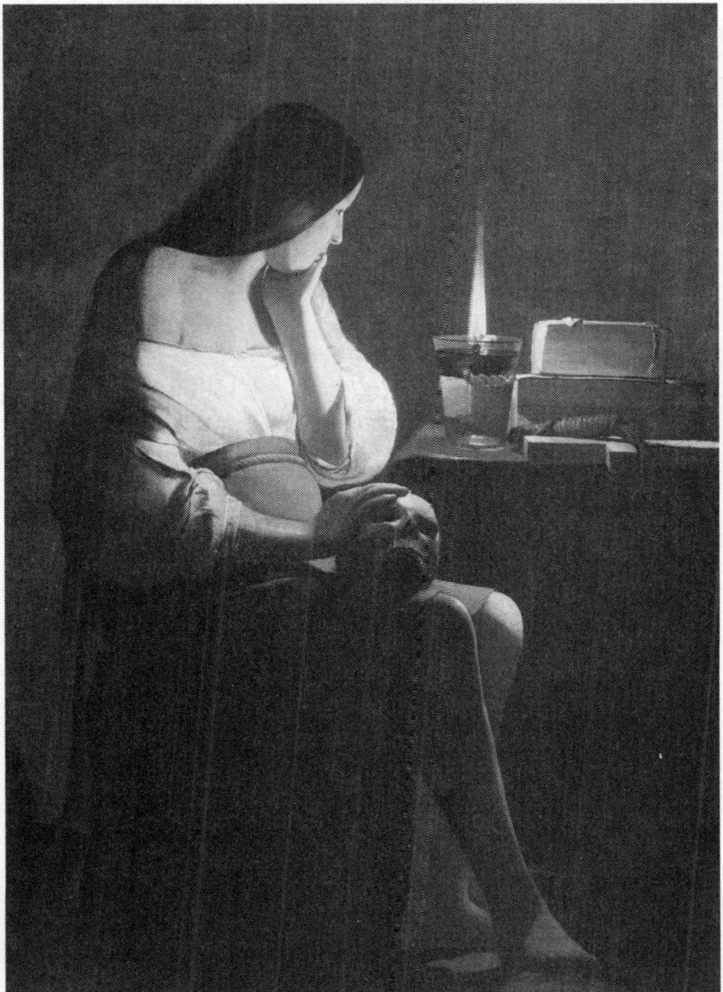

■ *La Madeleine à la veilleuse*, de Georges de La Tour (1593-1652).

Et des amours desquelles nous parlons,
Quand serons morts, n'en sera plus nouvelle[1] :
Pour ce aimez-moi, cependant qu'êtes belle[2].

Pierre de Ronsard, *Le Second Livre des Amours*, 1555.

■ Un langage imagé

La poésie recourt à des procédés d'expression qui s'éloignent de l'usage courant pour donner une expressivité particulière au propos ; on parle de « figures de style ». Parmi celles-ci, la comparaison, la métaphore et l'antithèse sont très fréquemment utilisées.

La **comparaison** rapproche deux éléments, le comparé (élément que l'on compare, par exemple la femme aimée) et le comparant (élément auquel on compare quelque chose ou quelqu'un, par exemple une rose), par l'intermédiaire d'un outil de comparaison : un verbe (ressembler à...), un adjectif (pareil à, semblable à...) ou une conjonction (comme, tel que...). Exemple :

« Vos beautés/ [...] comme fleurs périront tout soudain. »
(Ronsard,« Je vous envoie un bouquet... »)

Les beautés de la femme (comparé) sont rapprochées de celles des fleurs (comparant) par un outil de comparaison (« comme »).

La **métaphore** est le rapprochement de deux éléments sans outil de comparaison. Exemple :

« Le temps a laissé son manteau
De vent, de froidure et de pluie. »
(Charles d'Orléans, « Le temps a laissé son manteau... »)

Il faut comprendre que le temps (la saison) est comme un manteau.

---

1. ***Quand serons morts, n'en sera plus nouvelle*** : quand nous serons morts, personne ne pourra plus en parler.
2. ***Pour ce aimez-moi, cependant qu'êtes belle*** : c'est pourquoi il faut que vous m'aimiez tant que vous êtes belle.

L'**antithèse** est une figure d'opposition qui rapproche des notions contraires. Exemple :

> « Je vis, je meurs : je me brûle et me noie »
> (Louise Labé, « Je vis, je meurs... »)

Ce vers contient deux antithèses : vivre et mourir ; brûler et se noyer.

■ Pierre de Ronsard, « Mignonne, allons voir si la rose... »

Surnommé « L'Ode à Cassandre », ce poème est le plus célèbre de Ronsard. Il est dédié à Cassandre Salviati, une jeune Italienne de treize ans qu'il rencontre dans un bal à la cour de François Ier en 1545.

Comme dans le poème précédent, la première strophe établit une comparaison entre la femme aimée et une rose ; la deuxième exprime le caractère éphémère de la fleur ; la suite fournit la conclusion : puisqu'elle est destinée à connaître le sort de la rose, la dame doit profiter de sa jeunesse et du jour présent. Le poème reprend la devise du *carpe diem* (voir p. 61).

« Mignonne, allons voir si la rose... »

Mignonne, allons voir si la rose
Qui ce matin avait déclose[1]
Sa robe de pourpre[2] au soleil
A point perdu[3] cette vêprée[4]
Les plis de sa robe pourprée
Et son teint au vôtre pareil.

Las ! Voyez comme en peu d'espace[5],
Mignonne, elle a dessus la place,

---

1. ***Avait déclose*** : avait ouvert.
2. ***De pourpre*** : couleur rouge foncé.
3. ***Si la rose/*** [...]***/ A point perdu*** : si la rose n'a pas perdu.
4. ***Cette vêprée*** : ce soir.
5. ***En peu d'espace*** : en peu de temps.

Las ! las ! ses beautés laissé choir[1] !
Ô vraiment marâtre[2] Nature,
Puisqu'une telle fleur ne dure
Que du matin jusques au soir !

Donc, si vous me croyez, mignonne,
Tandis que votre âge fleuronne[3]
En sa plus verte nouveauté,
Cueillez, cueillez votre jeunesse :
Comme à cette fleur la vieillesse
Fera ternir votre beauté.

Pierre de Ronsard, *Odes*, premier livre, 1550.

■ Raymond Queneau, « Si tu t'imagines »

D'une façon humoristique, Raymond Queneau (1903-1976) indique sur le manuscrit de ce poème : « Sur un t'aime[4] de Ronsard, pouète françoué[5]. »
Inspiré par une déception amoureuse, ce texte est en effet une variation sur la célèbre « Ode à Cassandre » (« Mignonne, allons voir si la rose... »). Ici aussi, le poète s'adresse à la femme aimée, mais le ton et le lexique ont perdu la noblesse qu'ils avaient chez Ronsard. Queneau veut inventer une langue nouvelle, « botter le train au langage », même s'il faut pour cela déformer les mots et l'orthographe.

---

1. ***Choir*** : tomber.
2. ***Marâtre*** : ici, mauvaise, méchante mère. Le mot « marâtre » désigne la belle-mère, la mère méchante et cruelle (voir les contes de fées) avec les enfants que son mari a eus d'un premier lit.
3. ***Fleuronne*** : fleurit.
4. Queneau réalise ici un calembour (voir p. 80), jouant sur la proximité phonique de « thème » et « t'aime ».
5. ***Pouète françoué*** : traduction graphique de la prononciation de « poète français » en ancien français.

Si tu t'imagines

Si tu t'imagines
si tu t'imagines
fillette fillette
si tu t'imagines
xa va xa va xa
va durer toujours
la saison des za
la saison des za
saison des amours
ce que tu te goures
fillette fillette
ce que tu te goures

Si tu crois petite
si tu crois ah ah
que ton teint de rose
ta taille de guêpe
tes mignons biceps
tes ongles d'émail
ta cuisse de nymphe[1]
et ton pied léger
si tu crois petite
xa va xa va xa
va durer toujours
ce que tu te goures
fillette fillette
ce que tu te goures

Les beaux jours s'en vont
les beaux jours de fête
soleils et planètes

1. ***Nymphe*** : dans la mythologie, déesse qui hantait les bois, les fleuves, la mer, les rivières. Par extension, jeune femme au corps gracieux.

tournent tous en rond
mais toi ma petite
tu marches tout droit
vers c'que tu vois pas
très sournois s'approchent
la ride véloce[1]
la pesante graisse
le menton triplé
le muscle avachi
allons cueille cueille
les roses les roses
roses de la vie
et que leurs pétales
soient la mer étale[2]
de tous les bonheurs
allons cueille cueille
si tu le fais pas
ce que tu te goures
fillette fillette
ce que tu te goures

Raymond Queneau, *L'Instant fatal*, © Gallimard, 1948.

■ Gérard de Nerval, « Une allée du Luxembourg »

Aimant les atmosphères imprécises, hésitant entre songe et réalité, Gérard de Nerval (1808-1855, voir aussi p. 38) évoque ici avec nostalgie une silhouette féminine qui a passé et qui a disparu.
Il nous fait sentir la fugacité[3] de l'instant et la perte de l'être désiré. Ce poème fait surgir les doux souvenirs, les regrets, les pensées intérieures et le sentiment du temps perdu.

1. ***Véloce*** : rapide.
2. ***Étale*** : sans mouvement, immobile.
3. ***Fugacité*** : brièveté.

■ *Les Trois Âges de la femme*, par Gustave Klimt (1862-1918).

Une allée du Luxembourg

Elle a passé, la jeune fille
Vive et preste[1] comme un oiseau :
À la main une fleur qui brille,
À la bouche un refrain nouveau.

C'est peut-être la seule au monde
Dont le cœur au mien répondrait,
Qui venant dans ma nuit profonde
D'un seul regard l'éclaircirait !

Mais non, – ma jeunesse est finie…
Adieu, doux rayon qui m'as lui[2], –
Parfum, jeune fille, harmonie…
Le bonheur passait, – il a fui !

Gérard de Nerval, *Odelettes rythmiques et lyriques*,
« Une allée du Luxembourg », 1852.

---

1. ***Preste*** : rapide.
2. ***Doux rayon qui m'as lui*** : doux rayon qui as brillé pour moi.

La poésie dans tous ses états

La poésie est un art qui existe depuis la nuit des temps : difficile, dès lors, d'y renouveler constamment les façons de dire et les sujets poétiques ! Mais le métier des poètes est d'examiner la langue pour en extraire des possibilités inédites.
Ils sont d'infatigables explorateurs du langage et du monde, des créateurs de mots et des inventeurs de formules.
Après avoir étudié dans « Bestiaire » les ressources sonores de la poésie, vous découvrirez dans ce chapitre ses expérimentations sur la forme des mots et leur disposition dans la page.
Dans ces textes, qui sont tous écrits à l'époque contemporaine, vous remarquerez que, autant que la manière, c'est le sujet même de la poésie qui se trouve renouvelé.

■ Georges Perec, « Déménager », « Emménager »

Comme les membres de l'OuLiPo – Ouvroir de Littérature Potentielle –, autrement dit atelier étudiant toutes les possibilités de la littérature, Georges Perec (1936-1982) s'intéresse aux règles formelles[1] en littérature pour inventer de nouvelles configurations poétiques et romanesques. Dans cette perspective, il n'hésite pas à s'imposer un certain nombre de contraintes.
Les poèmes « Déménager » et « Emménager » s'emparent des ressources de l'infinitif pour former un récit en diptyque[2].

Déménager

Quitter un appartement. Vider les lieux. Décamper. Faire place nette. Débarrasser le plancher.
Inventorier ranger classer trier
Éliminer jeter fourguer
Casser
Brûler
Descendre desceller déclouer décoller dévisser décrocher
Débrancher détacher couper tirer démonter plier couper
Rouler
Empaqueter emballer sangler nouer empiler rassembler entasser ficeler envelopper protéger recouvrir entourer serrer
Enlever porter soulever
Balayer
Fermer
Partir

---

1. ***Formelles*** : qui portent sur la forme.
2. ***En diptyque*** : en deux parties (un *diptyque* est une œuvre littéraire ou artistique en deux parties).

Emménager

nettoyer vérifier essayer changer aménager signer attendre imaginer inventer investir décider ployer plier courber gainer équiper dénuder fendre tourner retourner battre marmonner foncer pétrir axer protéger bâcher gâcher arracher trancher brancher cacher déclencher actionner installer bricoler encoller casser lacer passer tasser entasser repasser polir consolider enfoncer cheviller accrocher ranger scier fixer punaiser marquer noter calculer grimper métrer maîtriser voir arpenter peser de tout son poids enduire poncer peindre frotter gratter connecter grimper trébucher enjamber égarer retrouver farfouiller peigner la girafe[1] brosser mastiquer ajuster aller et venir lustrer laisser sécher admirer s'étonner s'énerver s'impatienter surseoir[2] apprécier additionner intercaler sceller clouer visser boulonner couder s'accroupir se jucher se morfondre centrer accéder laver lessiver évaluer compter sourire soustraire multiplier croquer le marmot[3] esquisser acheter acquérir recevoir ramener déballer défaire border encadrer sertir conserver considérer rêver fixer creuser essuyer les plâtres camper approfondir hausser se procurer s'asseoir s'adosser s'arc-bouter rincer déboucher compléter classer balayer soupirer siffler en travaillant humecter s'enticher arracher afficher coller jurer insister tracer poncer brosser peindre creuser brancher allumer amorcer souder se courber déclouer aiguiser viser mansarder diminuer soutenir agiter avant de s'en servir affûter s'extasier fignoler bâcler dépoussiérer manœuvrer pulvériser équilibrer vérifier humecter tamponner vider concasser esquisser expliquer hausser les épaules emmancher diviser marcher de long en large faire tendre minuter juxtaposer rapprocher assortir blanchir

1. ***Peigner la girafe*** : faire un travail inutile et long, ou ne rien faire.
2. ***Surseoir*** : remettre une action, la différer.
3. ***Croquer le marmot*** : attendre longtemps, se morfondre.

laquer reboucher isoler jauger épingler ranger badigeonner accrocher recommencer intercaler étaler laver chercher entrer
souffler
s'installer
habiter
vivre

Georges Perec, *Espèces d'espaces*,

Guillaume Apollinaire, « Adieu »

En septembre 1914, Guillaume Apollinaire (1880-1918) rencontre Louise de Coligny-Châtillon (qu'il surnommera « Lou ») dont il tombe éperdument amoureux. Mais engagé volontaire dans la Première Guerre mondiale, il part rejoindre les casernements du trente-huitième régiment d'artillerie de campagne à Nîmes dès le mois de décembre. Il lui écrit des lettres et des poèmes d'amour (*Poèmes à Lou*).
On appelle « acrostiche » le procédé de ce texte : les initiales de chaque vers, lues de haut en bas, forment le prénom aimé.

Adieu

L'amour est libre il n'est jamais soumis au sort
O Lou le mien est plus fort encor[1] que la mort
Un cœur le mien te suit dans ton voyage au Nord

Lettres Envoie aussi des lettres ma chérie
On aime en recevoir dans notre artillerie
Une par jour au moins une au moins je t'en prie

1. ***Encor*** : licence poétique ; l'auteur supprime le *-e* final du mot de manière à obtenir un vers de douze syllabes, un alexandrin.

Lentement la nuit noire est tombée à présent
On va rentrer après avoir acquis du zan[1]
Une deux trois À toi ma vie À toi mon sang

La nuit mon cœur la nuit est très douce et très blonde
O Lou le ciel est pur aujourd'hui comme une onde[2]
Un cœur le mien te suit jusques au bout du monde

L'heure est venue Adieu l'heure de ton départ
On va rentrer Il est neuf heures moins le quart
Une deux trois Adieu de Nîmes dans le Gard

4 février 1915.

Guillaume Apollinaire, *Poèmes à Lou*,

■ Eugène Guillevic, « Triangle scalène », « Triangle isocèle », « triangle équilatéral »

Chez Eugène Guillevic (1907-1997), le langage poétique renoue avec les petites choses du quotidien mais aussi avec celles qui, plus que toutes autres, échappent spontanément à la sphère littéraire, comme les figures de géométrie, avec lesquelles il joue dans ses *Euclidiennes*.
Il personnifie les triangles en les dotant de sentiments qu'il tire de leurs propriétés : par ses deux côtés égaux, le triangle isocèle a acquis « un peu d'ordre »; son axe de symétrie lui permet de se regarder et de s'apprécier. Le triangle équilatéral, lui, ayant atteint la perfection, s'ennuie.

---

1. ***Zan*** : réglisse.
2. ***Onde*** : voir note 1, p. 28.

Triangle scalène

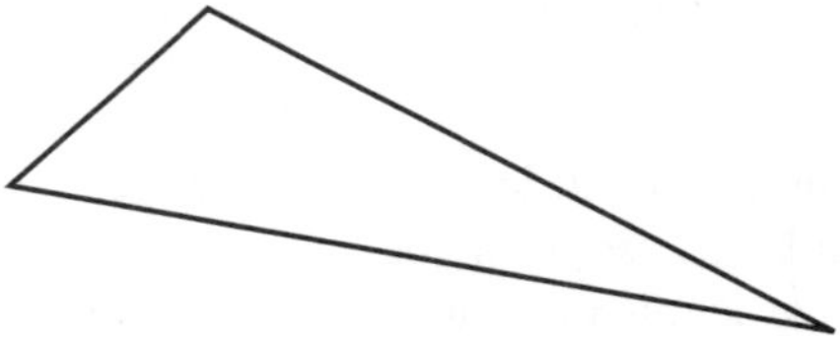

Bon pour danser,
Virevolter

Sur ma base, sur mon sommet,
Sur mes côtés, mes autres angles,

C'est que je suis toujours
Agité, tiraillé,

Par des angles, par des côtés,
Assemblés au hasard
Et sans égalité.

Triangle isocèle

J'ai réussi à mettre
Un peu d'ordre en moi-même.

J'ai tendance à me plaire.

Triangle équilatéral

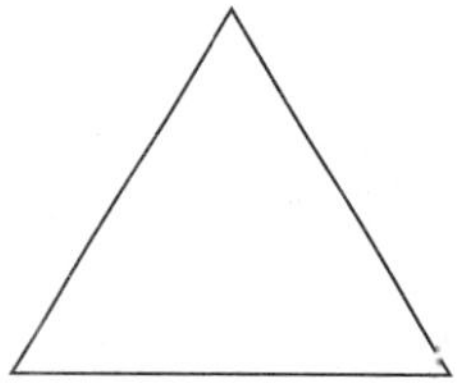

Je suis allé trop loin
Avec mon souci d'ordre.

Rien ne peut plus venir.

Eugène Guillevic, *Euclidiennes*,
© Gallimard, 1967.

■ Guillaume Apollinaire, « Il pleut »

Proche des peintres cubistes[1], Guillaume Apollinaire invente de nouvelles voies poétiques et formelles[2] dont témoigne déjà le poème à Lou présenté p. 74. Les *Calligrammes*, publiés en 1918, en sont l'exemple le plus spectaculaire : par leur disposition dans la page, les textes dessinent le sens de leur message.

---

1. ***Cubistes*** : qui appartiennent au cubisme (de 1910 à 1930), mouvement artistique qui se proposait de représenter des objets décomposés en éléments géométriques simples (rappelant les cubes), sans restituer leur perspective.
2. ***Formelles*** : voir note 1, p. 72.

Il pleut

il pleut des voix de femmes comme si elles étaient mortes même dans le souvenir
cest vous aussi quil pleut merveilleuses rencontres de ma vie ô gouttelettes
et ces nuages cabrés se prennent à hennir tout un univers de villes auriculaires
écoute sil pleut tandis que le regret et le dédain pleurent une ancienne musique
écoute tomber les liens qui te retiennent en haut et en bas

Guillaume Apollinaire, *Calligrammes*,

■ Jacques Prévert, « Être ange »

Lié un temps au mouvement surréaliste (voir p. 54), Jacques Prévert (1900-1977) appartient bien plus à la lignée des poètes populaires et des chansonniers qu'à celle des théoriciens. Il est aussi auteur de dialogues et de scénarios, collaborant avec des cinéastes de renom, tels Marcel Carné et Jean Renoir.

Issu du recueil *Fatras* (1966), le poème qui suit est un dialogue plein d'humour entre un ange et un âne, témoignant du goût de l'auteur pour les jeux de langage. La création d'un néologisme engage une réflexion sur le sens des mots qui emprunte les voies de l'absurde.

Être ange

Être ange
c'est étrange
dit l'ange
Être ange
c'est étrâne
dit l'âne
Cela ne veut rien dire
dit l'ange en haussant les ailes
Pourtant
si étrange veut dire quelque chose
étrâne est plus étrange qu'étrange
dit l'âne
Étrange est
dit l'ange en tapant des pieds
Étranger vous-même
dit l'âne
Et il s'envole.

Jacques Prévert, *Fatras*,

■ Jeux sur les mots

Le poème de Prévert contient à la fois des mots-valises et des calembours, deux façons pour l'auteur de jouer avec le langage.

Les **mots-valises** sont des mots inventés (des **néologismes**, du grec *neos*, « récent », et *logos*, « discours », c'est-à-dire des mots nouveaux) formés par la fusion de deux termes qui existent dans la langue et dont une partie se trouve tronquée ou méconnaissable. Exemple :

« Étrâne » est formé de « êtr » et « âne », sur le modèle d'« étrange ».

Un **calembour** est un jeu de mots fondé sur la proximité de prononciation ou d'écriture de termes dont les sens sont différents. Exemple :

« Étrange est » et « étranger » ;

« Être ange » et « Étrange ».

Invitation au voyage

Comme l'amour ou la nature, le voyage est un thème privilégié des poètes. Qu'il s'apparente à une fuite ou qu'il soit synonyme de découverte, qu'il soit réel ou purement imaginaire, le voyage répond à un désir d'ailleurs et de liberté.

L'espace d'un court texte, le poète quitte le quotidien et ses contraintes et nous conte « son » périple. Pour certains, cette émancipation s'accompagne d'un affranchissement de la forme versifiée.

■ Arthur Rimbaud, « Ma Bohème »

Chez Arthur Rimbaud (1854-1891), le désir de voyage est celui d'un adolescent révolté, désireux d'échapper à sa ville natale, Charleville (dans les Ardennes), et à un environnement familial étouffant. Il n'a que seize ans lorsqu'il commence à écrire des vers. Ses *Poésies* se font l'écho de ses fugues répétées à travers la Belgique.

Ma Bohème

Fantaisie

Je m'en allais, les poings dans mes poches crevées ;
Mon paletot[1] aussi devenait idéal[2] ;
J'allais sous le ciel, Muse[3] ! et j'étais ton féal[4] ;
Oh ! là ! là ! que d'amours splendides j'ai rêvées !

Mon unique culotte avait un large trou.
– Petit-Poucet rêveur, j'égrenais dans ma course
Des rimes. Mon auberge était à la Grande-Ourse[5].
– Mes étoiles au ciel avaient un doux frou-frou

Et je les écoutais, assis au bord des routes,
Ces bons soirs de septembre où je sentais des gouttes
De rosée à mon front, comme un vin de vigueur ;

---

1. ***Paletot*** : vêtement de dessus, généralement assez court et boutonné devant.
2. Son manteau est tellement usé qu'il n'est plus qu'une apparence, une idée de manteau.
3. ***Muse*** : ici, poésie ; dans la mythologie antique les Muses sont les neuf déesses qui présidaient aux arts libéraux (l'histoire, la poésie héroïque, la tragédie, la comédie, la musique, la danse, l'élégie, le lyrisme, l'astronomie).
4. ***Féal*** : serviteur dévoué, fidèle et loyal.
5. ***À la Grande-Ourse*** : à la belle étoile.

Où, rimant au milieu des ombres fantastiques,
Comme des lyres[1], je tirais les élastiques,
De mes souliers blessés, un pied près de mon cœur !

Arthur Rimbaud, *Poésies*, 1870.

■ Joachim Du Bellay, « Heureux qui, comme Ulysse, a fait un beau voyage »

En bon humaniste[2], Joachim Du Bellay (1522-1560) part à Rome, espérant y faire carrière et vivre dans cette ville qui, tout à la fois, recèle les vestiges de l'Antiquité et a vu s'épanouir la Renaissance. Cependant, il ne retire de son voyage que regrets douloureux de sa patrie et nostalgie pour le lieu qui l'a vu naître (le Maine-et-Loire). Il mesure ici sa déception en comparant son voyage à celui des héros antiques Ulysse et Jason.

« Heureux qui, comme Ulysse, a fait un beau voyage »

Heureux qui, comme Ulysse, a fait un beau voyage,
Ou comme celui-là qui conquit la toison[3],
Et puis est retourné, plein d'usage[4] et raison,
Vivre entre ses parents le reste de son âge[5] !

Quand reverrai-je, hélas ! de mon petit village
Fumer la cheminée, et en quelle saison

---

1. ***Lyres*** : instruments à cordes pincées qui accompagnaient les poèmes dans l'Antiquité.
2. ***Humaniste*** : lettré de la Renaissance, qui se consacrait à l'étude des écrivains antiques.
3. ***Celui-là qui conquit la toison*** : il s'agit de Jason, qui conduisit les Argonautes à la conquête de la Toison d'or.
4. ***Usage*** : expérience.
5. ***Son âge*** : sa vie.

Reverrai-je le clos[1] de ma pauvre maison,
Qui m'est une province[2], et beaucoup davantage ?

Plus me plaît le séjour qu'ont bâti mes aïeux,
Que des palais romains le front[3] audacieux ;
Plus que le marbre dur me plaît l'ardoise fine,

Plus mon Loire[4] gaulois, que le Tibre[5] latin,
Plus mon petit Liré[6], que le mont Palatin,
Et plus que l'air marin la douceur angevine[7].

Joachim Du Bellay, *Les Regrets*, XXXI, 1558.

■ Blaise Cendrars, « Îles »

Blaise Cendrars (1887-1961) est un poète-voyageur. Son attirance pour les îles se lit dans cette longue apostrophe en vers libres.

Îles

Îles
Îles
Îles ou l'on ne prendra jamais terre
Îles où l'on ne descendra jamais
Îles couvertes de végétations
Îles tapies comme des jaguars
Îles muettes

---

1. ***Clos*** : jardin, enclos.
2. ***Province*** : pays, royaume.
3. ***Front*** : fronton
4. En latin, *Liger* (« Loire ») est masculin.
5. ***Tibre*** : fleuve qui traverse Rome.
6. ***Liré*** : village natal de Du Bellay.
7. ***Angevine*** : d'Anjou.

Îles immobiles
Îles inoubliables et sans nom
Je lance mes chaussures par-dessus bord car je voudrais bien aller jusqu'à vous

Blaise Cendrars, *Feuilles de routes* (1924)

■ Le vers libre
La longueur du vers dit « libre » n'est pas fixée et peut donc varier d'un vers à l'autre ; les vers libres sont délimités entre eux par un retour à la ligne ; la rime entre les vers n'est pas obligatoire. Le poème de Cendrars est construit en vers libres.

■ Charles Baudelaire, « L'Invitation au voyage »

Quand Charles Baudelaire (voir aussi p. 31) a vingt ans, sa famille décide de lui offrir un long voyage pour l'éloigner de ses mauvaises fréquentations. Il s'embarque pour Calcutta (en Inde). Au cours de son périple, il fait escale à l'île Maurice puis à l'île Bourbon – actuelle île de la Réunion – où il séjourne trois ans.
Plus tard, lorsqu'il rédige *Les Fleurs du mal*, il se souvient des images et impressions que lui a laissées ce séjour exotique ; c'est ici à sa muse[1] Marie Daubrun qu'il propose d'accomplir un voyage imaginaire.

L'Invitation au voyage

Mon enfant, ma sœur,
Songe à la douceur
D'aller là-bas vivre ensemble !
Aimer à loisir,
Aimer et mourir

1. ***Muse*** : voir note 3, p. 82.

Au pays qui te ressemble !
Les soleils mouillés
De ces ciels brouillés
Pour mon esprit ont les charmes
Si mystérieux
De tes traîtres yeux,
Brillant à travers leurs larmes.

Là, tout n'est qu'ordre et beauté,
Luxe, calme et volupté[1].

Des meubles luisants,
Polis par les ans,
Décoreraient notre chambre ;
Les plus rares fleurs
Mêlant leurs odeurs
Aux vagues senteurs de l'ambre[2],
Les riches plafonds,
Les miroirs profonds,
La splendeur orientale,
Tout y parlerait
À l'âme en secret
Sa douce langue natale.

Là, tout n'est qu'ordre et beauté,
Luxe, calme et volupté.

Vois sur ces canaux
Dormir ces vaisseaux
Dont l'humeur est vagabonde ;

1. ***Volupté*** : plaisir des sens.
2. ***Ambre*** : substance au parfum très précieux.

C'est pour assouvir[1]
Ton moindre désir
Qu'ils viennent du bout du monde.
– Les soleils couchants
Revêtent les champs,
Les canaux, la ville entière,
D'hyacinthe[2] et d'or ;
Le monde s'endort
Dans une chaude lumière.

Là, tout n'est qu'ordre et beauté,
Luxe, calme et volupté.

Charles Baudelaire, *Les Fleurs du mal*, 1857.

■ Charles Baudelaire, « Invitation au voyage »

Dès 1855, Charles Baudelaire rédige des poèmes en prose. Avant sa mort, il songe à les réunir dans un recueil ; il conçoit ce dernier comme le « pendant[3] » du recueil en vers des *Fleurs du mal*.
Dans cette « Invitation au voyage », il réitère l'adresse à sa maîtresse et lui décrit « un pays de Cocagne ». Si le poète présente ce pays comme un lieu réel, l'expression « pays de cocagne » – sans majuscule – désigne ordinairement un pays imaginaire où l'on dispose de tout en abondance.

Invitation au voyage

Il est un pays superbe, un pays de Cocagne, dit-on, que je rêve de visiter avec une vieille amie. Pays singulier, noyé dans les brumes de notre Nord, et qu'on pourrait appeler l'Orient de l'Occident,

1. ***Assouvir*** : satisfaire.
2. ***Hyacinthe*** : pierre fine de couleur jaune rouge.
3. ***Pendant*** : chacune des deux parties formant une paire.

la Chine de l'Europe, tant la chaude et capricieuse fantaisie s'y est donné carrière, tant elle l'a patiemment et opiniâtrement[1] illustré de ses savantes et délicates végétations.

Un vrai pays de Cocagne, où tout est beau, riche, tranquille, honnête; où le luxe a plaisir à se mirer[2] dans l'ordre; où la vie est grasse et douce à respirer; d'où le désordre, la turbulence et l'imprévu sont exclus; où le bonheur est marié au silence; où la cuisine elle-même est poétique, grasse et excitante à la fois; où tout vous ressemble, mon cher ange.

Tu connais cette maladie fiévreuse qui s'empare de nous dans les froides misères, cette nostalgie du pays qu'on ignore, cette angoisse de la curiosité? Il est une contrée qui te ressemble, où tout est beau, riche, tranquille et honnête, où la fantaisie a bâti et décoré une Chine occidentale, où la vie est douce à respirer, où le bonheur est marié au silence. C'est là qu'il faut aller vivre, c'est là qu'il faut aller mourir!

Oui, c'est là qu'il faut aller respirer, rêver et allonger les heures par l'infini des sensations. Un musicien a écrit *L'Invitation à la valse*[3]; quel est celui qui composera l'Invitation au voyage, qu'on puisse offrir à la femme aimée, à la sœur d'élection?

Oui, c'est dans cette atmosphère qu'il ferait bon vivre, – là-bas, où les heures plus lentes contiennent plus de pensées, où les horloges sonnent le bonheur avec une plus profonde et plus significative solennité[4].

Sur des panneaux luisants, ou sur des cuirs dorés et d'une richesse sombre, vivent discrètement des peintures béates[5], calmes et profondes, comme les âmes des artistes qui les créèrent. Les

---

1. ***Opiniâtrement*** : avec force et obstination.

2. ***Se mirer*** : se refléter.

3. Petite pièce symphonique de Carl Maria von Weber (1786-1826), musicien allemand.

4. ***Solennité*** : majesté.

5. ***Béates*** : heureuses.

soleils couchants, qui colorent si richement la salle à manger ou le salon, sont tamisés par de belles étoffes ou par ces hautes fenêtres ouvragées que le plomb divise en nombreux compartiments. Les meubles sont vastes, curieux, bizarres, armés de serrures et de secrets comme des âmes raffinées. Les miroirs, les métaux, les étoffes, l'orfèvrerie et la faïence y jouent pour les yeux une symphonie muette et mystérieuse ; et de toutes choses, de tous les coins, des fissures des tiroirs et des plis des étoffes s'échappe un parfum singulier, un revenez-y de Sumatra[1], qui est comme l'âme de l'appartement.

Charles Baudelaire, *Petits Poèmes en prose* (*Le Spleen de Paris*), publ. posth., 1969.

■ Le poème en prose

Les poèmes en prose sont des textes qui empruntent à la fois à la prose (pour sa forme non versifiée) et à la poésie (pour ses images, ses sonorités, ses rythmes).

1. ***Sumatra*** : la plus grande des îles indonésiennes.

DOSSIER

- Ce qu'il faut savoir
- Avez-vous bien lu ?
- Au fil des textes
- Petits exercices de diction
- Découvrir une autre tradition poétique : les haïkus
- Constituer son anthologie
- Pour aller plus loin : petite bibliographie

Ce qu'il faut savoir

Cette partie du dossier regroupe des informations que vous avez pu lire dans les encadrés tout au long de l'anthologie. Elles sont ici réunies pour vous permettre de les retrouver facilement et vous aider à les mémoriser.

Les poèmes peuvent être écrits en vers ou en prose. Lorsqu'ils sont en vers, ils répondent à un certain nombre de « règles ».

➜ Les poèmes en vers

Connaître les différents types de vers

Il existe trois types de vers. Les **vers pairs** (c'est-à-dire ceux qui comportent un nombre pair de syllabes) sont les plus souvent utilisés. Parmi eux, on trouve notamment :

– L'*octosyllabe*, qui comporte huit syllabes. Exemple :
« Ain/si/ qu'en/ son/ ap/par/te/ment,/
Un/ beau/ chat,/ fort,/ doux/ et/ char/mant. »
(Baudelaire, « Le Chat »)

– Le *décasyllabe*, qui comporte dix syllabes. Exemple :
« Que/ j'ai/ ran/gé/ tou/tes/ mes/ rê/ve/ries. »
(Andrée Chedid, « La Fourmi et la Cigale »)

– L'*alexandrin*, qui comporte douze syllabes. Exemple :
« Un/ jour,/ sur/ ses/ longs/ pieds,/ al/lait/ je/ ne/ sais/ où,
Le/ Hé/ron/ au/ long/ bec/ em/man/ché/ d'un/ long/ cou. »
(La Fontaine, « Le Héron »)

Certains poèmes sont écrits en **vers impairs** ; le plus utilisé d'entre eux est l'*heptasyllabe*, qui compte sept syllabes. Exemple :
« Au/tre/fois/ le/ Rat/ de/ ville
In/vi/ta/ le/ Rat/ des/ champs. »
(La Fontaine, « Le Rat de ville et le Rat des champs »)

Enfin, certains poèmes sont composés de **vers libres** : la longueur de ces derniers n'est pas fixée et peut donc varier d'un vers à l'autre ; ils sont délimités entre eux par un retour à la ligne ; la rime entre les vers n'est pas obligatoire. Exemple :

« Îles tapies comme des jaguars
Îles muettes »
(Cendrars, « Îles »)

Pour compter les syllabes d'un vers

Pour bien compter le nombre de syllabes d'un vers, il faut connaître trois règles.

1. Le « e » ne se prononce pas (on dit qu'il est « muet ») devant un mot commençant par une voyelle et en fin de vers. Exemple :

« Mais/ que/ sa/ voix/ s'a/pai/s(e) ou/ grond(e),
Ell(e)/ est/ tou/jours/ rich/(e) et/ pro/fond(e). »
(Charles Baudelaire, « Le Chat »)

2. Dans certains cas, on compte pour deux syllabes deux voyelles voisines, là où la langue parlée n'en compte qu'une en temps normal. Exemple :

« Que des palais romains le front audaci/eux. »
(Du Bellay, « Heureux qui comme Ulysse... »)

Alors qu'on ne prononce généralement que trois syllabes dans le mot « audacieux » (« au/da/cieux »), il faut ici en compter quatre (« au/da/ci/eux »), de manière à obtenir un vers de douze syllabes (« Que/ des/ pa/lais/ ro/mains/ le/ front/ au/da/ci/eux »), conformément aux vers qui précèdent dans le poème. Ce phénomène s'appelle « **diérèse** ».

3. Inversement, si l'on compte pour une seule syllabe deux voyelles voisines, comme dans la langue courante, le phénomène s'appelle « **synérèse** ». Exemple :

« À des re/liefs d'Ortolans »
(La Fontaine, « Le Rat de ville et le Rat des champs »)

On compte deux syllabes dans le mot « relief » (« re/lief »), de manière à obtenir un vers de sept syllabes comme dans le reste de la fable.

Savoir identifier différents types de strophes

Les vers d'un poème sont regroupés en strophes ; selon le nombre de vers qu'elles comportent, elles ont des noms différents. On appelle :
– « distique » une strophe de deux vers ;
– « tercet » une strophe de trois vers ;
– « quatrain » une strophe de quatre vers ;
– « quintil » une strophe de cinq vers ;
– « sizain » une strophe de six vers ;
– « huitain » une strophe de huit vers.

➜ Les jeux avec les sonorités

On appelle « **assonance** » la répétition d'une même voyelle (ou d'un même son vocalique). Exemple :

« Ils sont d**ou**x comme des j**ou**j**ou**x,
Mais aux hib**ou**x point de gen**ou**x ! »
(Robert Desnos, « Les Hiboux »)

On appelle « **allitération** » la répétition d'une même consonne (ou d'un même son consonantique). Exemple :

« Un **ch**ou se prenant pour un **ch**at
lé**ch**ant son museau mousta**ch**u »
(Charles Dobzynski, « Le Chou »)

On appelle « **rime** » la répétition du même son à la fin de plusieurs vers. La qualité de la rime dépend du nombre de sons que les mots à la rime ont en commun.
Quand ils n'ont qu'un seul son en commun, on parle de « **rime pauvre** ». Exemple :

« Chacun s'habille de nouv**eau**
Le temps a laissé son mant**eau** »
(Charles d'Orléans, « Le temps a laissé son manteau... »)

Quand ils ont deux sons en commun, on parle de « **rime suffisante** ». Exemple :

« Ô grab**u|ges**
Des dél**u|ges** »
(Jules Laforgue, « Aquarelle en cinq minutes »)

Quand ils ont au moins trois sons en commun, on parle de « **rime riche** ». Exemple :

« L'abcès p**e|r|ce** !
Vl'à l'av**e|r|se** ! »
(Jules Laforgue, « Aquarelle en cinq minutes »)

Par ailleurs, on identifie trois principales dispositions de rimes :

– Des **rimes suivies** (ou **plates**) qui se développent sur le schéma « aabb ». Exemple :

« Des bateaux j'en ai pris beau**coup,** [a]
Mais le seul qui ait tenu le **coup,** [a]
Qui n'ai jamais viré de **bord,** [b]
Mais viré de **bord** » [b]
(Brassens, « Les Copains d'abord »)

– Des **rimes croisées** qui se développent sur le schéma « abab ». Exemple :

« Que serais-je sans toi qui vins à ma renc**ontre**. [a]
Que serais-je sans toi qu'un cœur au bois dor**mant**. [b]
Que cette heure arrêtée au cadran de la m**ontre**. [a]
Que serais-je sans toi que ce balbutie**ment**. » [b]
(Aragon, « Que serais-je sans toi »)

– Des **rimes embrassées** qui se développent sur le schéma « abba ». Exemple :

« Je vis, je meurs : je me brûle et me n**oie** ; [a]
J'ai chaud extrême en endurant froi**dure** ; [b]
La vie m'est et trop molle et trop **dure** ; [b]
J'ai grands ennuis entremêlés de j**oie.** » [a]
(Louise Labé, « Je vis, je meurs... »)

➜ Un langage imagé

La poésie recourt à des procédés d'expression qui s'éloignent de l'usage courant pour donner une expressivité particulière au propos ; on parle de « figures de style ». Parmi celles-ci, la comparaison, la métaphore et l'antithèse sont très fréquemment utilisées.

La **comparaison** rapproche deux éléments, le comparé (élément que l'on compare, par exemple la femme aimée) et le comparant (élément auquel on compare quelque chose ou quelqu'un, par exemple une rose), par l'intermédiaire d'un outil de comparaison : un verbe (ressembler à...), un adjectif (pareil à, semblable à...) ou une conjonction (comme, tel que...). Exemple :

« Vos beautés/ [...] comme fleurs périront tout soudain. »
(Ronsard,« Je vous envoie un bouquet... »)

Les beautés de la femme (comparé) sont rapprochées de celles des fleurs (comparant) par un outil de comparaison (« comme »).

La **métaphore** est le rapprochement de deux éléments sans outil de comparaison. Exemple :

« Le temps a laissé son manteau
De vent, de froidure et de pluie. »
(Charles d'Orléans, « Le temps a laissé son manteau... »)

Il faut comprendre que le temps (la saison) est comme un manteau.

L'**antithèse** est une figure d'opposition qui rapproche des notions contraires. Exemple :

« Je vis, je meurs : je me brûle et me noie »
(Louise Labé, « Je vis, je meurs... »)

Ce vers contient deux antithèses : vivre et mourir ; brûler et se noyer.

Avez-vous bien lu ?

1. Après avoir parcouru la section de l'anthologie intitulée « Bestiaire », citez :

– L'auteur du poème sur le chat : Charles Baudelaire

– L'auteur de « La Fourmi et la Cigale » : Andrée Chedid

– Le titre du poème qui met en scène des poissons : Le Héron

– Le(s) poème(s) qui évoque(nt) des oiseaux : La cigale et la fourmi, Le Héron, Les Hiboux

– Le nom des différents mammifères rencontrés dans les poèmes : le chat, le rat

2. Dans la section « Saisons », dans quel ordre les poèmes sont-ils placés ? Associez à chaque poète la saison qu'il célèbre. Attention, certains auteurs abordent plusieurs saisons dans le même texte !

Victor Hugo •	
René-Guy Cadou •	• Autcmne
Charles d'Orléans •	• Hiver
Gérard de Nerval •	• Été
Jules Laforgue •	• Printemps
Paul Verlaine •	

3. Dans la troisième section de l'anthologie, les poètes font des déclarations d'amour ou d'amitié. Qui écrit :

– « Je ne puis demeurer loin de toi plus longtemps » ?

Victor hugo "Demain dès l'aube"

– « Ces amis-là ne m'ont pas bien traité » ?

....

– « Mais ils s'aimaient tout's voil's dehors » ?

Georges Brassens "Les copains d'abord"

– « J'ai tout appris de toi pour ce qui me concerne » ?

....

– « Ainsi Amour inconstamment me mène » ?

....

4. Complétez cette grille de mots croisés en vous aidant de la section « Le temps s'en va » et des définitions données ci-après :

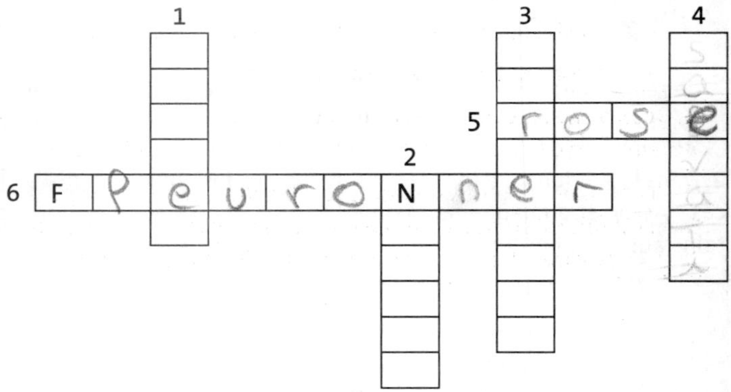

Définitions :

1. Poème composé de deux quatrains et de deux tercets.
2. À ce poète, le bonheur se présente et échappe aussitôt, parce qu'il est trop fugace.
3. Devise latine qui signifie « Profite du jour présent ».
4. Il est l'auteur d'une récriture du célèbre poème de Ronsard, « Mignonne, allons voir... ».
5. C'est à elle que Ronsard compare la femme aimée.
6. Verbe employé par Ronsard et qui signifie « fleurir ».

5. Des mots « être anges ». Aidez-vous de la section intitulée « La poésie dans tous ses états » pour répondre aux questions qui suivent. Comment nomme-t-on :

– un jeu de mots fondé sur la proximité de prononciation ou d'écriture de termes dont les sens sont différents ?

– un mot inventé ?

– un mot nouveau formé par la fusion de deux termes qui existent dans la langue et dont une partie se trouve tronquée ou méconnaissable ?

– un poème qui peut se lire verticalement ? ....

– un poème qui forme un dessin sur la page ? ....

6. Deux des poètes de la section « Invitation au voyage » sont contemporains l'un de l'autre. De qui s'agit-il ? En quel siècle vivaient-ils ?

7. Recherche : que vous évoque le titre du recueil, *Poésie, j'écris ton nom* ? Il fait référence à un poème de Paul Eluard, une grande figure du surréalisme, dont il détourne le titre. Trouverez-vous lequel ?

Au fil des textes

« Bestiaire »

Robert Desnos, « Les Hiboux » ; Charles Dobzynski, « Le Chou »

1. Pour ces deux poèmes, étudiez la répartition du texte dans la page et les blancs qui l'entourent. Quels indices permettent de reconnaître que ce sont des poèmes ?

2. Comment les phrases se déroulent-elles dans chacun de ces textes ?

3. En vous aidant des informations réunies dans la partie « Ce qu'il faut savoir », p. 92 à 96, indiquez pour chacun d'eux :

– le nombre de strophes ;
– le nombre de vers par strophes ;
– le nombre de syllabes dans chaque vers ;
– la qualité des rimes et leur disposition.

4. Faites une lecture à haute voix de ces deux poèmes : sur quel principe d'associations fonctionnent-ils (images, répétitions de sons, rapprochement de mots...) ?

5. Quel semble avoir été le but des poètes en écrivant ces textes ?

Jean de La Fontaine, « La Cigale et la Fourmi »

1. Qui sont les personnages de cette fable ? En quoi s'apparentent-ils bien à des animaux ? Dans quelle mesure ont-ils des comportements humains ?

2. Quel est le défaut de chaque personnage ? Justifiez votre réponse en vous appuyant sur le texte.

3. La fable est un récit en vers ; elle contient les différentes étapes du schéma narratif :
– la situation initiale, qui pose le cadre de départ (situation, personnages) ;
– l'élément perturbateur, qui marque le début de l'action ;
– les péripéties qui s'enchaînent ;
– l'élément de résolution (dénouement), qui met fin aux péripéties et conduit à la situation finale ;
– la situation finale, qui est le résultat, la fin du récit.
Retrouvez dans la fable chacune de ces étapes et résumez-les en une phrase.

4. Quelles différences observez-vous entre cette fable et les poèmes de Robert Desnos et de Charles Dobzynski ? Quel est le but du texte de La Fontaine ?

5. Écrivez une conclusion à cette fable. Comment s'appelle ce type de conclusion ?

6. Pour écrire cette fable, La Fontaine s'inspire du texte d'Ésope intitulé « La Cigale et les Fourmis », que voici :

La Cigale et les Fourmis

C'était l'hiver; le grain était mouillé et les fourmis le faisaient sécher. Une cigale qui avait faim leur demanda à manger. « Pourquoi, lui dirent-elles, n'as-tu pas fait de provisions pendant l'été ?

– Je n'étais pas oisive, dit-elle, je chantais en artiste.

– Ah l'été, tu étais musicienne repartirent les fourmis en riant ; en hiver fais-toi danseuse. »

Il ne faut être négligent en rien, sous peine de s'exposer aux chagrins et aux périls.

Ésope, *Fables*, trad. Émile Chambry,
Les Belles Lettres, 1927, rééd. 1985.

A. Quelles ressemblances et quelles différences observez-vous entre ce texte et celui de La Fontaine ?

B. Quel type de vers La Fontaine utilise-t-il dans sa fable ? Quelle est la qualité et la disposition de ses rimes ?

C. Selon vous, qu'apporte au récit la forme versifiée ?

Andrée Chedid, « La Fourmi et la Cigale »
et autres récritures de la fable de La Fontaine

1. Andrée Chedid récrit le texte de La Fontaine. Quel indice nous permet de comprendre qu'il s'agit d'un « détournement » de la fable ?

2. Cette version n'est qu'une récriture parmi d'autres du texte, qui a souvent été repris, détourné, parodié. Voici celle qu'en donne Raymond Queneau dans *OuLiPo, La Littérature potentielle*, en 1973.

La Cimaise et la Fraction

La cimaise ayant chaponné tout l'éternueur
se tuba fort dépurative quand la bixacée fut verdie :
pas un sexué pétrographique morio de mouffette ou de verrat.
Elle alla crocher frange
Chez la fraction sa volcanique

La processionnant de lui primer
Quelque gramen pour succomber
Jusqu'à la salanque nucléaire.
«Je vous peinerai, lui discorda-t-elle,
avant l'apanage, folâtrerie d'Annamite !
interlocutoire et priodonte.»
La fraction n'est pas prévisible ;
c'est là son moléculaire défi.
«Que ferriez-vous au tendon cher ?
discorda-t-elle à cette énarthrose.
– Nuncupation et joyau à tout vendeur,
Je chaponnais, ne vous déploie.
– Vous chaponniez ? J'en suis fort alarmante.
Eh bien ! débagoulez maintenant.»

Raymond Queneau, *OuLiPo*,
La littérature potentielle, © Gallimard, 1973.

Pour composer ce nouveau texte, Raymond Queneau applique la méthode « S + 7 ». C'est-à-dire qu'il remplace les noms, adjectifs et verbes de « La Cigale et la Fourmi » par le septième mot de La même catégorie grammaticale placé dans le dictionnaire après celui à modifier. Suivant le même principe, détournez à votre tour une fable de La Fontaine. Pour cela, remplacez chaque nom de la fable « Le Corbeau et le Renard » par le septième nom qui le suit dans le dictionnaire.

3. La récriture suivante, de Yak Rivais, est issue des *Contes du miroir* (1988).

La Cigale et la Fourmi

C'était verl'hi. Il avait génei et le vent flaitsouf. La tetipe legaci taitlotgre. Elle n'avait rien géman depuis deux jours. «Je vais aller voir ma nesivoi», se dit-elle. Elle frappa à la tepor de la nettesonmai. «Jourbon, medaMa la mifour», dit-elle. «Jourbon», répondit la mifour. «Pourriez-vous, damande la legaci, me terprê du grain ? » La mifour n'était pas seteuprê. Elle fit la cemagri. «Que faisiez-vous donc, l'été nierder, pendant que j'étais au vailtra ? » damande-t-elle d'un air chantmé. « Je taischan de jolies sonschan dans le gelafeuil des bresar », dit la legaci. « Vous tiezchan ? » fit la mifour. « Eh bien nanttemain, sezdan ! » Elle rentra dans sa nettesonmai et laissa la pauvre legaci horsde. C'est très tetris !

Yak Rivais, *Les Contes du miroir*,

Dans cette version, la fable a subi bien des modifications. Saurez-vous dire lesquelles ? Le titre du recueil peut vous donner un indice !

4. Découvrez à présent la fable de La Fontaine mise en bande dessinée, p. 104 et 105 : qu'apporte l'illustration au texte ? Quel effet la lecture de la bande dessinée produit-il par rapport à celui que crée la lecture du texte de la Fontaine ?

Jean de La Fontaine, « Le Héron »

1. En comptant les syllabes des vers du poème, que constatez-vous ? Quel effet recherche leur auteur ?

2. Quel changement s'opère à partir du vers 27 ? Résumez, en une phrase, la morale de cette fable.

« Saisons »

Charles d'Orléans, « Le temps a laissé son manteau »

1. Quelles sont les deux saisons évoquées dans ce poème ? Comment le savez-vous ? D'après Charles d'Orléans, quelles sont les caractéristiques de chacune de ces deux époques ?

2. Quel sentiment éprouve le poète ?

3. Et vous, quelle est votre saison préférée ? Quelle est celle que vous n'aimez pas ? Pourquoi ? À la manière de Charles d'Orléans, exprimez vos sentiments pour la saison de votre choix, sous forme de poème.

■ Gotlib, « La Cigale et la Fourmi » dans *Rubrique-à-brac*, t. I, Dargaud, 1970.

U CHANTAIS ? J'EN SUIS FORT
ISE ! EH BIEN, DANSE MAINTE-
ANT ! C'EST CE QU'ON APPEL-
LE *UNE RECONVERSION*.
BON... BEN... RCI QUAND MÊME...
MAINTENANT JE TE LAISSE, J'AI UN RENDEZ-VOUS.
DANSER... DANSER... ELLE EST MARRANTE, ELLE !.. ÇA FAIT DU BRUIT AUSSI. LA DANSE !
OUAIS... BIEN SÛR... CHANSON... MUSIQUE... DANSE... TOUT ÇA, ÇA FAIT DU BRUIT...
JE SUIS DANS DE SALES DRAPS...
VOYONS... VOYONS... VOYONS...
IL DOIT BIEN Y AVOIR UN MOYEN !
MAIS... J'Y PENSE...
LA PANTOMIME !
VOILÀ UN TRUC QUI NE FAIT PAS DE BRUIT !!
LA PANTOMIME ?
'EST ÇA !.. IL FAUT QUE TU ONTES UN SPECTACLE DE PANTOMIMES !
TU CROIS ?.. MAIS... N SPECTACLE À MON-ER... ÇA COÛTE CHER... ET...
T'OCCUPE PAS DE ÇA, C'EST MON BOULOT ! À PARTIR DE MAINTENANT, JE SUIS TON MANAGER ! JE ME CHARGE DE TROUVER UN COMMANDITAIRE !
TOI TU ES L'ARTISTE !
COMMENCE À RÉPÉTER ET LAISSE-MOI FAIRE !
BON
C'EST AINSI QUE LA CIGALE PUT CONTINUER À MENER UNE VIE D'ARTISTE SANS CIRCONVENIR LE RÈGLEMENT.
ÇA Y EST ! ÇA MARCHE ! J'AI TROUVÉ UN PRODUCTEUR ! TU N'AS PLUS QU'À SIGNER LE CONTRAT, IL COMMANDITE LE SPECTACLE !
C'EST DANS SA POCHE !
EUH... JE VEUX DIRE...
C'EST DANS LA POCHE !
CHIC !
CONTRAT
IEN ENTENDU, IL PREND 0%. C'EST NORMAL. MOI, UI NE SUIS QUE TON MA-AGER, JE ME CONTENTE ODESTEMENT DE 40 %... MAIS TIENS-TOI BIEN... TOUT LE RESTE EST POUR TOI !
TIENS ! GNE-LÀ !
C'EST TROP BEAU POUR ÊTRE VRAI !
LE NUMÉRO DE LA CIGALE FUT UN SUCCÈS PRODIGIEUX...
... ET UNE BELLE RÉUSSITE FINANCIÈRE.
...ET VOICI TA PART !
TANT QUE ÇA ?!
GROS VEINARD, TU N'AS PAS HONTE ?
ALLEZ ! VA T'AMUSER !
CLIC !
GRAT GRAT
MANAGER
PRODUCTEUR
LA CIGALE PUT S'ACHETER UN CIGARE, QU'ELLE FUMA EN SONGEANT AU PASSÉ.
EH OUI ! J'EN AI BIEN BAVÉ !
EH OUI !
J'EN AI MANGÉ, DE LA VACHE ENRAGÉE !
LES GENS N'ONT PAS TOUJOURS ÉTÉ CHICS AVEC MOI !
TENEZ... QUAND JE REPENSE À CETTE OURMI, QUI NE M'A ÊME PAS PRÊTÉ UN OU QUAND J'ÉTAIS ANS L'EMBARRAS !
ELLE VOYAIT EC MON GARE !
ELLE SERAIT DINGUE !
JE M'EN VAIS LUI MONTRER, MOI, QU'ON PEUT S'ACHETER UN CIGARE, MÊME AVEC UN TRAVAIL D'ARTISTE ! JE VAIS LA FAIRE BISQUER, TIENS !
OURMI & Cie
CIÉTÉ ANONYME
CAPITAL :
ALORS LA CIGALE ! ÇA A L'AIR D'ALLER !
PARFAITEMENT QUE ÇA VA ! ET C'EST PAS DEMAIN LA VEILLE QUE JE REVIENDRAI CRIER FAMINE AUPRÈS DE VOUS ! PARCE QUE J'AIME MIEUX VOUS DIRE QUE J'AI TROUVÉ DES VRAIS AMIS ! OUI ! UN MANAGER QUI S'OCCUPE DE MOI ! OUI ! ET UN CHIC PRODUCTEUR QUI...
PARBLEU !
...J'EN SAIS QUELQUE CHOSE ! JE SUIS LE PRODUCTEUR DE TON SPECTACLE !

Paul Verlaine, « Chanson d'automne »

1. Combien y a-t-il de strophes dans ce poème ? Les vers ont-ils tous le même nombre de syllabes ?

2. Quelles sont les rimes des vers les plus courts ? Quels mots sont ainsi mis en valeur ?

3. Quels sentiments le poète éprouve-t-il ? Relevez tous les mots qui servent à les exprimer.

4. Quel est le sens du mot « sanglots » ? Relevez les autres termes qui, dans le poème, évoquent la douleur.

5. Quel est l'adjectif qui donne le ton ? Comment faut-il dire ce poème ?

6. Quelle figure de style repérez-vous dans les deux derniers vers ?

7. Comparez « Chanson d'automne » et les deux dernières strophes d' « Avant-printemps » de René-Guy Cadou, p. 36. Quelle relation établit le poète entre la saison et son état d'âme ?

« Amour et amitié »

Rutebeuf, « Que sont mes amis devenus ? »

1. Quelle est la tonalité du poème ?

2. Par quelle métaphore le poète évoque-t-il ses amis ? Relevez les mots qui appartiennent à cette métaphore.

3. Comment appelle-t-on ce type de métaphore ?

Louise Labé, « Je vis, je meurs... »

1. Quelle est l'origine des tourments du personnage qui s'exprime dans ce poème ? Justifiez votre réponse en citant un vers du poème.

2. Dans le texte, quels sont les synonymes du mot « tourment » ? Classez-les selon leur degré d'intensité, du plus faible au plus fort.

3. Selon le poème, aimer est-il source de bonheur ? de malheur ? Justifiez votre réponse.

4. Dans ce poème, les images poétiques puisent dans deux registres opposés : on parle d'antithèses. Complétez ce tableau :

Registre positif	Registre négatif

5. Quel effet crée le dernier vers ?

Victor Hugo, « Demain, dès l'aube… »

1. Lisez à voix haute les vers 1 et 2 : où avez-vous marqué des pauses ? Pourquoi ?

2. Quel est le type de vers utilisé ? Combien comporte-t-il de syllabes ?

3. À qui le poète semble-t-il s'adresser au début du poème ?

4. Dans quel état d'esprit se trouve le poète au début du texte ? Quel temps verbal le montre ? À voix haute, quel passage lirez-vous sans interruption, pour le suggérer ?

5. Sur quelle durée se déroule le déplacement évoqué ? Comment ferez-vous sentir cette durée à la lecture ?

6. Relevez toutes les marques de négation : quelle volonté traduisent-elles ?

7. Le poète se rend à un rendez-vous particulier, qui n'est pas une rencontre galante : à quel moment le lecteur le comprend-il ? Lors de votre lecture, à quel endroit pouvez-vous marquer une pause pour le souligner ?

Georges Brassens, « Les Copains d'abord »

1. Quel est l'objectif de Brassens dans son texte ? Pouvez-vous expliquer les premiers vers ?

2. Observez le tableau de Géricault intitulé *Le Radeau de la Méduse* (p. 57) et expliquez ce que veulent dire les premières paroles de la chanson : « Non, ce n'était pas le radeau/ De la Méduse ce bateau. »

3. Quel type d'amitié Georges Brassens décrit-il ?

4. Par quelle métaphore évoque-t-il ce sujet ?

5. Dans chaque strophe de sa chanson, Georges Brassens aborde un aspect de l'amitié. Pour chacune d'elles, donnez un adjectif ou un nom qui qualifie cet aspect.

6. Dans l'avant-dernière strophe, repérez deux images et expliquez-les.

« Le temps s'en va »

Pierre de Ronsard, « Mignonne, allons voir si la rose... »

1. Combien de strophes composent ce poème ? Résumez le propos de chaque strophe en une courte phrase.

2. Quel est le type de vers utilisé par Ronsard ?

3. Quelle est la qualité des rimes ? Les mots placés à la rime permettent-ils de comprendre le thème du poème ? Relevez quelques mots qui riment ensemble, et montrez comment ils illustrent la thématique de Ronsard.

4. Quel conseil le poète donne-t-il à la jeune fille ?

5. Quel pronom personnel désigne le poète ?

6. Comment le poète appelle-t-il la jeune fille ?

7. Le poète et la jeune fille ont-ils le même âge ? Comment le savez-vous ?

8. Quel vers compare explicitement la rose et la jeune fille ?

9. Par quels mots la jeune fille est-elle comparée à la fleur dans la dernière strophe ?

10. En quoi, dans ce texte, peut-on parler de « métaphore filée » ?

11. Pourquoi le poète choisit-il une rose pour adresser son message à la jeune fille ? Que symbolisent le matin et le soir, par rapport à la vie de cette dernière ?

Raymond Queneau, « Si tu t'imagines »

Queneau parodie le texte de Ronsard que vous venez d'étudier. Vous le remarquerez en répondant aux questions suivantes.

1. Comment Queneau nomme-t-il la jeune fille à laquelle il s'adresse ? Comment Ronsard nomme-t-il celle à qui il destine son poème ?

2. Ronsard évoque rapidement, et sous la forme d'une image, la « vieillesse ». Comment Queneau la décrit-il ?

3. Par quels mots s'exprime la mise en garde du poète à la jeune fille ? Justifiez ce registre de langue.

4. À quel moment le texte de Queneau se réfère-t-il au « *carpe diem* » ?

« La poésie dans tous ses états »

Georges Perec, « Déménager », « Emménager »

1. Les textes se présentent-ils comme des poèmes classiques ? Justifiez votre réponse. Quelle est leur particularité ?

2. Dans « Déménager » :

   A. Identifiez, en les entourant par des couleurs différentes, les groupes de synonymes.

   B. Repérez des verbes qui comportent le même préfixe (dé-, en-/em-) et expliquez le sens de ces préfixes.

   C. N'y a-t-il que des verbes dans ce texte ? Que trouve-t-on d'autre ?

   D. Comment le texte répond-il au titre du poème ? Repérez les différentes étapes d'un déménagement.

3. À votre tour, à la manière de Georges Perec, rédigez un poème à l'infinitif.

Vous pouvez suivre les étapes suivantes :

A. Choisissez un thème.

B. Écrivez un scénario, les étapes de votre récit.

C. Aidez-vous du dictionnaire pour trouver des synonymes et enrichir votre texte (verbes ou expressions, comme « vider les lieux » pour « partir »).

D. N'oubliez pas de mettre les formes verbales à l'infinitif !

Eugène Guillevic, « Euclidiennes »

1. Cherchez dans le dictionnaire la définition de « scalène ».

2. Pour évoquer les triangles, le poète utilise deux types de lexique : vous le remarquerez en répartissant le vocabulaire des textes dans les deux colonnes suivantes :

Les termes mathématiques	Les termes poétiques

3. Dans « Triangle isocèle » et « Triangle équilatéral » :

A. Observez la disposition des vers dans ces deux poèmes par rapport à celle des vers de « Triangle scalène » : en quoi peut-on dire que sa régularité traduit celle des triangles eux-mêmes ?

B. Qui dit « je » ?

C. Comment interprétez-vous le message délivré par le triangle isocèle ? par le triangle équilatéral ? Aidez-vous de vos connaissances en mathématiques pour répondre à cette question.

« Invitation au voyage »

Rimbaud, « Ma Bohème »

1. Situez la scène décrite par le poème : selon vous, où se trouve le poète lorsqu'il écrit ce texte ? Quelle situation de voyage évoque-t-il ? Quand ce dernier a-t-il lieu ? Quel vers vous permet de l'affirmer ?

2. Quel est le titre de ce poème ? Pourquoi peut-on dire qu'il convient doublement au texte ?

3. Quels mots du sonnet évoquent la poésie ?

4. Dans le deuxième tercet, de quoi parle le poète lorsqu'il évoque « les élastiques » de ses « souliers blessés » ? Que vous inspire l'adjectif « blessés » ? Selon vous, est-ce que ce sont les souliers qui sont blessés ?

5. Expliquez la phrase « Mon auberge était à la Grande-Ourse » (vers 7), et proposez une formulation synonyme.

6. À quel personnage le poète se compare-t-il ? Quelle est l'idée ainsi suggérée ?

7. Quelle est la sonorité dominante du dernier tercet ? Quel effet produit-elle ?

8. Quel sentiment domine l'ensemble du poème ?

9. Relisez les caractéristiques du sonnet et vérifiez que ce texte y répond bien.

Baudelaire, « L'Invitation au voyage » (poème en vers)

1. Combien de strophes composent le poème ?

2. Observez la disposition des rimes et montrez que les trois strophes procèdent de la même façon.

3. Quels vers le poème répète-t-il plusieurs fois ? En quoi ce texte est-il proche de la chanson ? Quelles comparaisons pouvez-vous faire par exemple avec « Les Copains d'abord » de Georges Brassens ?

4. À quelle personne le poète s'adresse-t-il ? Relevez les mots qui servent à la désigner.

5. En quoi le texte évoque-t-il la Hollande ?

6. De quel pays s'agit-il « réellement » ?

7. À chacune des strophes correspond un paysage, un endroit différent. Lesquels ?

8. Le voyage évoqué est-il un rêve ou la réalité ? Justifiez votre réponse. Observez notamment les temps des verbes.

Baudelaire, « Invitation au voyage » (poème en prose)

1. Relevez deux éléments communs entre ce poème et le poème précédent.

2. Observez la forme de ce poème : qu'a-t-il de particulier dans sa mise en page ?

3. En vous aidant de ce que vous avez appris dans cette anthologie, dites ce qui fait que ce texte, disposé en paragraphes, est bien un poème.

Petits exercices de diction

Soigner son élocution

Entraînez-vous à dire des poèmes de façon expressive ! Pour vous aider à soigner votre élocution, nous vous proposons quelques virelangues. Un virelangue (ou casse-langue, ou fourchelangue) est une expression, une phrase ou un petit groupe de phrases à caractère ludique et difficile à articuler. En voici quelques-uns qui vous serviront d'échauffement.

1. Angèle et Gilles en gilet gèlent.
2. Je veux et j'exige d'exquises excuses.
3. La sole a salé son lit mais la mer a lavé le lit que la sole a salé et la sole rissole dans la casserole.

4. Suis-je chez ce cher Serge ?
5. Fruits frais, fruits frits, fruits cuits, fruits crus.
6. Que lit Lili sous ces lilas-là ? Lili lit l'*Illiade*.
7. Tonton, ton thé t'a-t-il ôté ta toux ?
8. Qu'a bu l'âne au lac ? L'âne au lac a bu l'eau.
9. Didon dîna dit-on des dix dos dodus de dix dodus dindons.
10. Un chasseur sachant chasser doit savoir chasser sans son chien.
11. Un chasseur qui chassait fit sécher ses chaussettes sur une souche sèche.
12. Didon dîna, dit-on, du dos d'un dodu dindon, don dû d'un Don, à qui Didon dit : « Donne, donc, Don, du dos d'un dindon dodu. »
13. Si ces six cent six sangsues sont sans sucer son sang, ces six cent six sangsues sont sans succès.
14. C'est l'évadé du Nevada qui dévalait dans la vallée, dans la vallée du Nevada, qu'il dévalait pour s'évader, sur un vilain vélo volé, qu'il a volé dans une villa, et le valet qui fut volé vit l'évadé du Nevada qui dévalait dans la vallée, dans la vallée du Nevada, qu'il dévalait pour s'évader sur un vilain vélo volé.
15. Un pâtissier qui pâtissait chez un tapissier qui tapissait, dit un jour au tapissier qui tapissait : vaut-il mieux pâtisser chez un tapissier qui tapisse ou tapisser chez un pâtissier qui pâtisse ?
16. Quand un cordier cordant doit accorder sa corde,
Pour sa corde accorder six cordons il accorde,
Mais si l'un des cordons de la corde décorde,
Le cordon décordé fait décorder la corde,
Que le cordier cordant avait mal accordée.

Trouver le bon ton

Par deux, entraînez-vous à lire le poème qui suit à haute voix, en cherchant les groupes de sens et les enchaînements imposés par la construction des phrases de manière à vous répartir les répliques. Travaillez ensuite à la recherche du ton.

«Interrogation et négation»

Vous ? Moi ?
Non, personne
personne jamais
non vraiment personne jamais.

Comment ? Ni où,
ni quoi,
ni comment ?

Non vraiment personne jamais
nulle part
rien ni personne
jamais
non jamais
jamais jamais jamais
jamais
jamais
non, jamais.

Jean Tardieu, *Formeries*, «Interrogation et négation»,
© Gallimard, 1976.

Découvrir une autre tradition poétique : les haïkus

Les haïkus appartiennent à la tradition japonaise ; ce sont des poèmes très courts, qui comportent trois vers seulement, et saisissent un instant fugace. En très peu de mots, les haïkus parviennent à suggérer beaucoup de choses. En voici trois :

Au parfum des pommiers
soudain le soleil se lève –
sentier de montagne !

Ah ! quelle merveille
ces jeunes et vertes feuilles
brillent au soleil !

Le lever du jour –
tournoyant dans la brume
la voix de la cloche.

Bashô, *Cent onze haïku*, © Verdier, 2009

Constituer son anthologie

Choisissez dans ce recueil et dans d'autres ouvrages à votre disposition une dizaine de poèmes parmi ceux que vous préférez, puis recopiez-les sur un petit carnet, en soignant la mise en page. Vous constituerez ainsi votre propre anthologie. Pour donner à d'autres l'envie de la découvrir, illustrez-la de quelques dessins personnels ou d'œuvres d'artistes ; ils devront tous avoir un rapport avec le texte qu'ils accompagnent.

Puis élaborez la première page de couverture. Pour cela, aidez-vous de celle de cette anthologie. Elle contient plusieurs informations : le titre et le sous-titre du volume, le nom de l'éditeur, le nom de la collection et une illustration. À votre tour, imaginez chacun de ces éléments. Le titre que vous donnerez à votre anthologie et le dessin qui l'illustrera tiendront compte des textes qu'elle contient.
Enfin, rédigez le texte qui figurera sur la quatrième page de couverture. Il aura pour but d'informer le lecteur sur le contenu du volume et de lui donner envie de le parcourir.

Pour aller plus loin : petite bibliographie

Guillaume Apollinaire, *Le Apollinaire : 19 poèmes*, Mango Jeunesse, coll. « Albums Dada », 2000.

Bashô, *Cent onze haïku*, Verdier, 2009.

Baudelaire, Rimbaud, Verlaine, *Voyages en bohème*, GF-Flammarion, coll. « Étonnants Classiques », 1996, rééd. 2007.

Michel Butor, *Vergers d'enfance*, Le Rocher, coll. « Lo Païs d'enfance », 2004.

Victor Hugo, *Victor Hugo : un poète*, Gallimard Jeunesse, coll. « Folio Junior-En poésie », 2002.

Poèmes de Victor Hugo en bandes dessinées, Petit à petit, coll. « Poèmes en bandes dessinées », 2006.

Poèmes de la Renaissance, GF-Flammarion, coll. « Étonnants Classiques », 1998, rééd. 2007.

Raymond Queneau, *Raymond Queneau, un poète*, Gallimard Jeunesse, coll. « Folio Junior-En poésie », 2001.

La Fontaine, *Le Corbeau et le Renard et autres fables*, GF-Flammarion, coll. « Étonnants Classiques », 2007.

Jacques Roubaud, *Les Animaux de tout le monde*, Seghers, coll. « Volubile », 1990.

Notes et citations

Notes et citations

Les classiques et les contemporains dans la même collection

ANDERSEN
La Petite Fille et les allumettes et autres contes (171)

ANOUILH
La Grotte (324)

APULÉE
Amour et Psyché (2073)

ASIMOV
Le Club des Veufs noirs (314)

AUCASSIN ET NICOLETTE (43)

BALZAC
Le Bal de Sceaux (132)
Le Chef-d'œuvre inconnu (2208)
Le Colonel Chabert (2007)
Ferragus (48)
Le Père Goriot (349)
La Vendetta (28)

BARBEY D'AUREVILLY
Les Diaboliques – Le Rideau cramoisi, Le Bonheur dans le crime (2190)

BARRIE
Peter Pan (2179)

BAUDELAIRE
Les Fleurs du mal – *Nouvelle édition* (115)

BAUM (L. FRANK)
Le Magicien d'Oz (315)

LA BELLE ET LA BÊTE ET AUTRES CONTES (90)

BERBEROVA
L'Accompagnatrice (6)

BERNARDIN DE SAINT-PIERRE
Paul et Virginie (2170)

LA BIBLE
Histoire d'Abraham (2102)
Histoire de Moïse (2076)

BOVE
Le Crime d'une nuit. Le Retour de l'enfant (2201)

BRADBURY
L'Heure H et autres nouvelles (2050)
L'Homme brûlant et autres nouvelles (2110)

CARRIÈRE (JEAN-CLAUDE)
La Controverse de Valladolid (164)

CARROLL
Alice au pays des merveilles (2075)

CERVANTÈS
Don Quichotte (234)

CHAMISSO
L'Étrange Histoire de Peter Schlemihl (174)

LA CHANSON DE ROLAND (2151)

CHATEAUBRIAND
Mémoires d'outre-tombe (101)

CHEDID (ANDRÉE)
L'Enfant des manèges et autres nouvelles (70)
Le Message (310)

CHRÉTIEN DE TROYES
Lancelot ou le Chevalier de la charrette (116)
Perceval ou le Conte du graal (88)
Yvain ou le Chevalier au lion (66)

CLAUDEL (PHILIPPE)
Les Confidents et autres nouvelles (246)

COLETTE
Le Blé en herbe (257)

COLIN (FABRICE)
Projet oXatan (327)

COLLODI
Pinocchio (2136)

CORNEILLE
Le Cid – *Nouvelle édition* (18)

DAUDET
Aventures prodigieuses de Tartarin de Tarascon (2210)
Lettres de mon moulin (2068)

DEFOE
Robinson Crusoé (120)

DIDEROT
Jacques le Fataliste (317)
Le Neveu de Rameau (2218)
Supplément au Voyage de Bougainville (189)

Enfer sur mesure et autres nouvelles (2209)

MAUPASSANT
Boule de suif (2087)
Le Horla et autres contes fantastiques (11)
Le Papa de Simon et autres nouvelles (4)
La Parure et autres scènes de la vie parisienne (124)
Toine et autres contes normands (312)

MÉRIMÉE
Carmen (145)
Mateo Falcone. Tamango (104)
La Vénus d'Ille – *Nouvelle édition* (348)

MIANO (LÉONORA)
Afropean Soul et autres nouvelles (326)

LES MILLE ET UNE NUITS
Ali Baba et les quarante voleurs (2048)
Le Pêcheur et le Génie. Histoire de Ganem (2009)
Sindbad le marin (2008)

MOLIÈRE
L'Amour médecin. Le Sicilien ou l'Amour peintre (342)
L'Avare – *Nouvelle édition* (12)
Le Bourgeois gentilhomme (133)
Dom Juan (329)
L'École des femmes (2143)
Les Femmes savantes (2029)
Les Fourberies de Scapin – *Nouvelle édition* (337)
George Dandin (60)
Le Malade imaginaire (2017)
Le Médecin malgré lui (2089)
Le Médecin volant. La Jalousie du Barbouillé (242)
Les Précieuses ridicules (2061)
Le Tartuffe (350)

MONTESQUIEU
Lettres persanes (95)

MUSSET
Il faut qu'une porte soit ouverte ou fermée. Un caprice (2149)
On ne badine pas avec l'amour (2100)

OVIDE
Les Métamorphoses (92)

PASCAL
Pensées (2224)

PERRAULT
Contes – *Nouvelle édition* (65)

PIRANDELLO
Donna Mimma et autres nouvelles (240)
Six Personnages en quête d'auteur (2181)

POE
Le Chat noir et autres contes fantastiques (2069)
Double Assassinat dans la rue Morgue. La Lettre volée (45)

POUCHKINE
La Dame de pique et autres nouvelles (19)

PRÉVOST
Manon Lescaut (309)

PROUST
Combray (117)

RABELAIS
Gargantua (2006)
Pantagruel (2052)

RÉCITS DE VOYAGE
Le Nouveau Monde (Jean de Léry, 77)
Les Merveilles de l'Orient (Marco Polo, 2081)

RENARD
Poil de Carotte (2146)

ROBERT DE BORON
Merlin (80)

ROMAINS
L'Enfant de bonne volonté (2107)

LE ROMAN DE RENART – *Nouvelle édition* (335)

ROSNY AÎNÉ
La Mort de la terre (2063)

ROSTAND
Cyrano de Bergerac (112)

ROUSSEAU
Les Confessions (238)

SAND
Les Ailes de courage (62)
Le Géant Yéous (2042)

SAUMONT (ANNIE)
Aldo, mon ami et autres nouvelles (2141)
La guerre est déclarée et autres nouvelles (2231)

SÉVIGNÉ (MME DE)
Lettres (2166)

SHAKESPEARE
Macbeth (215)
Roméo et Juliette (118)

SHELLEY (MARY)
Frankenstein (128)

Les anthologies dans la même collection

Création maquette intérieure :
Sarbacane Design.

Composition : In Folio.

Dépôt légal : janvier 2010
Numéro d'édition : L.01EHRN000186.N001
Imprimé en Espagne par Novoprint (Barcelone)